幸福
文化

逆勢的關鍵

運用「修正式價值投資」，
買在股票上漲前

臉書專頁「修正式價值投資」版主 **陳啟祥**——著

◆ 推薦序 ◆

尋找自己的修正式價值投資策略

陳喬泓｜「陳喬泓投資法則」版主

　　股市的投資方法百百種，可以選擇的投資方式何其多，不過在我看來，其中能夠長期創造穩定獲利的方法並不多。如果你問我，哪一種投資策略能夠創造穩定報酬且適合大部分投資人？我認為是「價值投資」。

　　價值投資最早是由班傑明・葛拉漢（Benjamin Graham）在 90 年前提出的一套投資體系，主要是對企業的價值及未來的經營做出判斷，尋找出市場中價值高於價格的股票，買進並長期持有。當今在價值投資領域裡最重要的代表人物就是大家熟知的股神巴菲特（Warren Buffett）。

　　不同於葛拉漢，巴菲特不單只是找尋低價價值股，而是在價值投資中注入成長股的觀念，以合理或低估的價格買進具備強大護城河的卓越企業，才能創造長達 60 年的屹立不搖的投資成果。

　　同樣的，本書作者陳啟祥也改良了原先的價值投資，提出「修正式價值投資」，啟祥兄認為學會投資沒有捷徑，就是多看、多

讀、多思考，並將學到的知識內化成為自己的策略，這就是「修正」的意義。

作者透過投資過程中，不斷自我修正每次交易所學習到的經驗，並在書中歸納 3 種關鍵性的修正與大家分享：

修正一：不要限制股票持有的週期，價值投資常強調存股長抱，不過投資股票並非一成不變，如果原始買進的條件已經消失，就沒有長期持有的必要，限制自己一定要持有一家公司的股票多長的時間，其實意義不大。

修正二：看待一家公司的表現要具備遠見，在操作與選股的思考上，不應該設定太多限制，並不是說財務指標不重要，但單純套用選股公式會錯失非常多的投資機會。

修正三：不同景氣位置的操作方式應該不同，景氣如同四季不斷循環，因此投資人應該要學會當景氣位階不同時，採取不同的操作方式，而不是用一樣的方式對應景氣循環。

世界上不會存在完全相同投資策略的兩個人。想成為股市贏家，不能單靠死讀書、背公式指標，而是多看、多吸收別人成功的投資方法，並從中找尋摸索最適合自己的投資策略。如同本書作者改良原先的價值投資，提出「修正式價值投資」，讓自己順利累積八位數資本，透過作者無私的分享，相信你也能找到最適合自己的「修正式」價值投資策略。

一窺頂尖價值投資者的思維與內涵

邏輯投資｜「邏輯投資」vocus 專欄與同名臉書粉專版主

　　我認識「修正式價值投資」啟祥大的時間並不長，是今年我們一起舉辦「價投三次方」分享會的時候認識的，但儘管相識尚淺，但我卻從他身上得到許多啟發。

　　我最佩服的是啟祥大豐沛的知識量，以及讓人覺得不可思議的股票涉獵範圍，不論是傳統產業、餐飲業、工具機、旅行業，再到科技尖端半導體產業當中的 IC 設計、矽智財、特用化學品等，啟祥大都能深入發掘出公司的長期競爭力與投資潛力，因為我本身也有撰寫專欄及研究公司基本面，必須說這一點是非常不容易的事，讓人由衷欽佩。

　　另一點讓人佩服的是啟祥大已建立出一套成功的投資策略與企業研究框架，不落傳統價投俗套，他將「價值」定義得更全面，不侷限於一般價值投資者對於「價格」與「價值」的關係，舉凡轉機股、成長股、景氣循環股，也都在他的涉獵範圍當中，這使得他比起一般投資人更具產業與題材的敏銳度。世界在變，投資

市場也不斷改變，要成為一位成功的投資人，必須具有審時度勢的能力，才有辦法面對總體經濟、產業脈絡與市場環境帶來的種種挑戰。這本書內容為「修正式價值投資」，我相信是作者對於「價值投資」四個字的答卷，顯現出啟祥大更加宏觀的視野與思維。

而我相信，人如其書，正如我被啟祥大的知識與內涵所震撼，相信正在閱讀這本書的你，也將能吸收到作者多年投資經驗淬鍊而成的思想結晶，所以請不要單純地把這本書當作「價值投資」的教學指南，我認為作者解構投資、市場、產業、公司與風險的種種觀點，將幫助你在投資道路上走得更長遠、更安穩、更豐富。

目錄

CHAPTER 01

為什麼要學「價值投資」？

CHAPTER 02

開始你的價值投資之路

CHAPTER 03

選股與操作策略的擬定

前言

逆勢的關鍵

在我 30 歲以前，我有很長的時間都待在實驗室裏，和植物、微生物為伍，每天看的是基因圖譜及蛋白質結構，雖然薪水不高，但每日面對問題、思考解決之道，並設計各種方法、判讀實驗結果，那種克服困難以及追求真理的喜悅是很讓人感到充實的。

我個人物欲不高，當時甚至能做到將薪水的八成儲蓄起來，埋首在自己喜歡的事物裡，心裏非常踏實，但只有心靈充實，並沒法讓銀行帳戶也跟著充實，再高的儲蓄率也只像在堆積木那樣，一個一個慢慢加上去，三十歲那年，雖然小日子過的滿開心的，但我深深的意會到再這樣下去不太行，這樣的資產累積速度無法因應未來即將加重的人生責任及物價通膨，於是我開始學習投資，打動我的還是那句流傳了二、三十年的老梗句子『你不理財、財不理你』。

投資初入門我從基金開始學習，去理解各項理財工具背後的意義與遊戲規則，也和每位初入投資市場的新手一樣，用自己的血汗錢去體會那些投資裏的點點滴滴，總結下來，投資的第一年，

可以說是做了白工，但對我來說，這是非常重要的一年，因為願意踏出投資的第一步，有許多人講了一輩子的『要投資』，但卻連開個戶都懶。

一開始新手期不害怕失敗，嘗試著操作高槓桿的投資工具，在如雲霄飛車般上衝下洗的過程中，我認識了風險，也更認識了我自己，繞了一圈我終於體會到，在投資市場裏，我最不喜歡的一件事就是『賠錢』。

或許你會說「誰願意投資賠錢呢？」但其實投資很難避開虧損，這是投資的一部份，追求每一筆投資都賺錢，那是不可能的任務。而經歷過一段碰撞的時日後，我才終於瞭解到，投資市場裡定有方法可以去提高勝率，並且也能做到控制虧損幅度，就像麻將高手從對手丟出來的牌裏，可以去推算對手的牌以及牌池裡可能還有什麼牌。

那麼投資要怎麼做到提高勝率？簡單地說就是『認真以對』。我偷偷觀察過很多投資者，他們在做投資其實是相當隨興的。比如打開電視轉台時剛好停在財經台，看了名嘴講的口沫橫飛，然後就下單了；同學會和老朋友聚一聚，有人講他在某某公司，今年會接大單，然後他就下單了；在便利商店等小孩挑東西時，隨

手翻一下財經雜誌，看到某公司印在封面上，寫著隱形冠軍，然後他就下單了……，不要以為不可能，你想一想自己投資股票的原因和理由，是不是就是這樣？

我開始學習投資以及研究股市已經 18 年，從一個月薪 4 萬的上班族，邊工作邊存錢，存下 2~3 百萬的本金，然後用了 10 年的時間將資本翻倍到千萬，這其中我做了相當多的功課，也學到了許多經驗，但每一步我都嚴謹以對，因為對我來說，「投資」以前是我的副業，現在是我的主業。我用對待工作的態度去思考、評估以及系統化分析。

這些年來我深切體會到，「投資」的本質是違背人性的，曾為我帶來較為豐厚成果的幾次投資決策，都來自於「逆勢操作」。簡單的說就是「買低賣高」，「買低」就是撿便宜，如何才能撿便宜呢？就是在下跌的過程中尋找機會，這是背對市場情緒的操作方式，就像是災難發生時，人潮如蜂湧般離開，而你卻一個人獨自前行，當然，這樣的操作理念說來簡單，執行起來卻不容易，因為趨吉避兇才是人之常情，所以你必須能看清眼前的「兇」其實是「吉」。想逆著人群去找便宜貨，下面幾點可以為你提供一條可行的道路：

● 以基本面分析的價值投資為出發點

在股價下跌的過程中，市場價格會越來越便宜，此時首先要做的，就是分辨一家公司的真實價值，如此一來才能定義什麼是真正便宜的價格，也才能做到「買低」這個動作，若不具備這樣的分析能力，只是單純看到股價跌就衝進場，那麼此時的價格或許仍高於該公司應有的價值，這麼做就只是單純的下賭注而已，並非是具備高勝率的操作思維。

● 解讀數據和消息，在條件有利的情況下進場

市場每日的漲跌並非 50/50 的對半機率，在某些情況下，上漲的機率高，反之亦然，所以投資者要能掌握這些對自己有利的條件，就像張開了一座保護傘，讓你在雨天仍然能夠持續前進，這些保護機制其實是可以透過觀察與思考去做判讀的，像是總經數據或是產業面消息，解讀這些訊息就能幫助你立於勝率較高的位置。

● 槓桿越大，風險越高

投資必然伴隨著風險，這道理應該每個投資者都懂，投資不可能完全迴避風險，沒有風險也就沒有超額獲利的可能，接近無風險

的投資就像定存，你不可能奢望從定存裏得到更高的報酬，因此投資者其實是要試著去處理風險、理解風險並與風險共存，瞭解每次投資的風險上限會在哪裏？就能對此做出更多的策略與應對之道。

　　如同前面所提，投資這這條路說來不輕鬆，要勤做功課，而且絕對不是理財的捷徑，所以我把我自己的投資經驗和思維理路整合，把它稱為「修正式價值投資」，也以此做為我個人在 FB 上粉專的名稱，主要的目的，其實就是想告訴每位投資者，投資不是一成不變也不是照本宣科，而是要將你所吸收的資訊，融入你的操作系統當中，有主軸、有變異，整合起來就是一個「修正式」的概念，這個方法可以幫助你獨立思考，並且瞭解最適合自己的投資方式是什麼。

　　投資從來就不是簡單無腦的事，更可說是門艱澀且繁瑣的功課，如果你自認為做不到，那麼其實選擇指數化投資（ETF），讓資產隨著經濟同步發展，我認為也是一個不錯的方式。但如果你認為自己的目標是想要追求超額報酬，想要自己的資產累積不只是疊方塊的加法，而是能夠進入複利的乘法，那麼以基本面分析為基礎的價值投資法，可以讓你學會如何投資成長股，成長股

的獲利曲線通常都是對數級的，的確不是那麼容易去抓到投資機會，但只要你願意努力打好基本功，就有機會去發現優質的公司，進而得到豐碩的投資成果。

在我的上一本書中，有提到很多當成分析的個案，像是耕興、欣技、勝麗（已併入同欣電）、東哥遊艇、精元，以及我從 2019 年開始寫粉專，曾經詳細的分享過觀察筆記的和泰車、晶心科、鳳凰旅遊、豆府……這些成長股或是景氣循環股，在成書及文章刊出之後，其實也都有出現過波段倍數的漲幅，其中東哥遊艇更是出現近 10 倍的漲幅（不過其中有些公司我必須承認，是因為這次疫情扭曲了供需結構所影響，而出現大漲）。上述提到這些公司不是要說我看的多準，而是希望讀者能瞭解，如何透過日常的累積去找到這些公司，並持續追蹤他們的發展，在勝率較高時出手投資，然後等待收穫的時機點，當然，本書也有分享許多優質公司供大家在思考模式上做為參考。

能夠理解價值投資的哲學，其實才是真正會帶給你一輩子穩定獲利的基礎，再也不會聽聽新聞、看看報紙就下單買股票，我認為這才是真正的自由人生。

01

為什麼要學
「價值投資」？

1-1

「投資」到底是什麼？

做金錢的主人，而不是做金錢的奴隸

哲學家培根曾說過：「金錢是好的僕人，卻不是好的主人。」不管你是否認同這一句話，只要你生活在現代社會，金錢就會從你呼吸這世界的第一口空氣開始陪伴著你，直到你停止呼吸走完漫長人生，它都會如影隨形和你綁在一起。除非你能夠完全脫離現代社會的結構，獨立自主的生活、不需要任何外界的資源與支援，才有機會真正遠離金錢，但這也只是理論上來說，實務上要完全脫離社會的可能性並不高，所以金錢就成為了一個媒介，你付出勞力換取金錢之後，再去取得別人的勞動成果，一種接近「等值交換」的概念。

　　相信大家都懂得金錢的重要性與可貴性，而先哲留下的這句話，其實更提醒著我們要擁有正確的金錢觀，利用金錢去追求自己想要的生活，而且適度就好，那才會達到最大的快樂值，千萬不要為了追求超過自己能力範圍外的享樂，成為渴求金錢的人，那就本末倒置了。

增加產值、開始投資，為自己創造財富

　　所以，如何讓金錢成為僕人，而不是變成它的奴僕呢？我想「投資」就是最好的方法。「以物易物」是遠古時代人類最初的交易方式，後來有貨幣流通之後，人類都是利用勞動力換取金錢，可是時間、體力有限，用勞動力所能換到的金錢數目終有極限，久而久之隨著生活開銷越來越大，就容易導致入不敷出。

　　如何增進財源？建議大家可以朝兩個階段努力，第一階段是增加本業的單位產值，講白一點就是增加薪水，想要爭取更高的薪資，就要強化本職學能，有好的競爭力就能談到更好的條件，並在年輕時開源節流，點滴存下自己的每一分資產，這麼做會幫助你更了解金錢的價值，知道得來不易的辛苦，唯有親身走過一次

這種體驗，才能在日後更珍惜手上的資產，而不致於染上過度消費的惡習。

　　站穩第一階段之後，第二階段就可以開始思考投資這件事，投資有很多種方法，包括創業、理財，甚至培養第二專長成為副業都算是投資。在這個階段你所要思考的是：如何投入最少資本並創造最大收益，雖然只是簡單的一句話，但背後的道理絕對不是三言兩語，或是看完幾本書就能明白，除了少數天縱之才之外，大部分的人都是需要用人生經驗來累積，為什麼這麼說？因為所有的投資背後其實還有一個詞，叫做「風險」。很多人都只看到投資收益的部分，卻沒有進一步思考風險所代表的意義，而當你有了職場經驗或人生體驗後，你就會懂得每一個決定都伴隨著風險存在，趨吉避兇會成為一種本能，這些經驗就會成為你在投資過程中的保命符。

認真思考投資目標

　　那麼，在你開始投資之前，還要思考的一件事是：你的目標是什麼？這會與你願意承受多少風險有關，當然，所謂的目標與許

不同族群的投資目標建議			
族群	投資目標	承受風險	使用工具
退休族	每年 3-5%	低	定存、債券 ETF
三明治族	每年 8-10%	中偏低	保險、指數 ETF、股票
黃金單身族	每年 10-12%	中	股票
小資族	每年 10-12%	中	投資自我財商、股票

製圖：陳啟祥

多因子相關，包括年齡、消費欲望、家庭人數、賺取資產能力……不同的因子組成起來，所要達成的投資目標就非常不一樣，連帶也影響所選擇的投資工具，這邊請大家思考自己追求的投資目標是什麼？以下歸納 4 種不同年齡族群的投資目標，提供大家參考：

首先是**退休族群**，基本上是風險承受度最低的族群，因此退休族追求的投資目標並非長期，而是眼前能看到的近未來，所以必須以較為穩定的固定收益作為出發點，盡量避免本金的損失。再

來，**三明治族群**則是指上有高堂、下有妻小的家庭支柱，為家庭責任一肩扛的族群。保險可能會是此一族群首要思考的部分，因為當無法預測的意外發生時，家庭是否還能保有生活的能力，選擇便宜的定期意外險、醫療險補足承擔風險能力是不錯的選擇，另外也能以穩健的指數型 ETF 做為投資核心的選擇，行有餘力時再來思考股票投資。

而到了適婚年齡且尚未成家的**黃金單身族群**，普遍已有基本的工作成果，存款帳號裡有些存款，個人認為這個族群是最適合股票投資的人，因為工作之餘比較有時間可以花在鑽研投資上。最後就是**小資族**，指的是剛出社會不久的年輕族群，收入或許不多，但時間和體力都最充足，就如同前面所提到，其實這個族群把時間花在投資自己最值得。不論是工作能力、應對進退，或是閒暇之餘，精進自己的財務知識，為將來做準備，迎接後面更多人生挑戰和責任，也才能在進入中老年後，有能力決定自己想要的生活方式。

可能有些人看到上述表格會覺得，這樣的預期投資報酬率是否太低了？但其實如果你能長期保持這樣的報酬率，累積下來的

成果會非常驚人，不過市場並沒有如此聽話，永遠能提供給你這樣的成果。舉一個近期案例說明，2021 年市場行情大好，台股大盤單年就上漲約 24%，可是隔了一年，到了 2022 年台股大盤交出了 -22% 左右的報酬率，幾乎將前一年的漲幅完全吐了回去，個股的表現波動則更是遠高於此，這背後說明投資永遠是伴隨著風險而來，因為這就是投資的本質，承擔風險、追求利潤。

所以本書我們要討論的重點就是，在承擔風險、追求利潤的過程中，我們有沒有辦法承擔比較少的風險，而得到高一點的利潤呢？我認為是有的，但機會不會無中生有，不是加個 line 群或是 FB 炒股社團就能找到，機會存在自己的手中，如果你願意花時間去了解投資的本質、去評估一家企業未來的發展、給予一家公司可能的股價預測，以及透過觀察大環境思考未來趨勢，那麼你就有可能做到，減少自身要面對的風險、增加投資收益。。

當然這並不簡單也不容易，投資從來就不是一件容易的事，但是如果你真的能在一家公司處在價格低迷時找到它的價值，那麼將來當它的市場評價回到預想的情況時，那不只是財富的增進，其實更是一種對自我肯定的成就感。

1-2

為什麼散戶多數都賠錢？

不把錢當錢，賠掉剛好而已

　　每一個生活在台灣的人，只要打開電視、網路等你我都熟悉的資訊接收、交流管道，應該都會看到關於投資的消息，這其實是成年人平日生活的小縮影。當然為了吸引更多人的注意力，許多包裝著傳奇的致富故事，告訴你投資的美好，彷彿只要開始投資，人生就會從黑白轉為彩色，從此不再有金錢壓力、生活無虞，也許有些人看了廣告進而開始了解投資，而有些人則會出現反感，認為參與金錢遊戲，終究會玩火上身。

　　有趣的是，當這類型的廣告或是相關網路文章越來越多時，代表市場行情越活絡，那些原本認為這不過是引人入坑的災難陷阱，

但看著身邊親友一個一個開始賺錢、換車或是買房時，最終忍不住也想要來參與這場大家都知道午夜 12 點要結束的宴會，但卻沒人相信現在已經 11 點 55 分了。

股票的潮起潮落始終循環

舉例來說，像是依賴國外生產低成本商品做為日常所需的歐美國家，遇到 2020 年橫空出世的新冠疫情影響，完全打亂所有正常的供應鏈與消費鏈，出現許多百年難得一見的情況，海運產業就是其中之一。

這些能載著貨櫃的大型商船，因為運輸能量大、運送成本低，屬於正常生活商業運轉模型中不可或缺的一部分，但是在疫情之下，先是碼頭工人因染疫無法正常上工、造成塞港效應，加上先進國家日常消費需求隨疫情擴散而增加，在對商品需求若渴的情況下，將運費推上天價。

疫情之前，一個 40 呎貨櫃的運費報價約為 1,400 美元，而 2020 年曾飆漲到突破一萬美元的天價，像這類型因短時間終端價

格大漲的「商品」，上漲的幅度其實都是多賺的部分，就算因為塞港讓船期拉長，但跑一趟賺十趟還是非常划算，也讓長期股價低迷的海運股成為當紅炸子雞，獲利和股價都十分火熱。

記得在 2021 年 5、6 月時，有一天朋友傳了一張對話截圖給我，他說他老婆參加的媽媽團購 FB 社團，原本都是分享便宜的尿布奶粉，或是湊人數賺團購優惠的 line 群，突然開始討論起航運股，有一些群友媽媽剛生完小孩，在家坐月子或是請育嬰假帶新生兒，趁著育兒空閒時看了新聞、網路討論之後，開戶買航運股，3 天、5 天就能有獲利，而且一直漲，於是在群組聊起投資心得，看到她們一致的結論就是「趕快買」！

這類的群組很像一個小型的社會縮影，一開始買的人先喊，大家還半信半疑，後來兩個禮拜過去，先買的人已經賺了 20%，股價仍繼續往上漲，開始有第二批人跳進去，再過一個月，已經漲了 50%，剩下第三批的人可能也忍不住了，全部跟著往前衝……

後來的故事我想大家也很熟悉，航運類股在 2021 年 7 月的第一週達到最高點，從原本長年為十幾元的股價，搖身一變衝上 200

元，然後就像演唱會突然遇到停電一樣，歡愉的音樂嘎然而止，現場一片靜默，接著看到股價以接近 90 度垂直向下，單單一個月就出現約 50% 的跌幅。

然後就會看到網路上、群組裏到處都是求救的聲音：會不會反彈？要不要認賠殺出？還是不賣就沒賠？現在應該怎麼辦？

其實就台股的歷史來看，相似的劇本上演很多次，而是每幾天就會來一次，一樣的先炒話題、一樣的分批上車、一樣的恐慌下跌，唯一不同的大概就只是賠錢的人不一樣而已。

所以，從這個案例中應該不難理解，為什麼大部分的散戶投資都會賠錢，原因非常簡單，就是他們不把錢當錢看，如果你是新進入股市的散戶，那麼請你務必要好好思考以下 4 個問題：

1. 投資的本義是什麼？
2. 投資市場是如何運作？
3. 投資賺的錢是從哪裏來？
4. 投資前要做哪些分析？

　　也許你會說：「就是不懂投資才要開始學啊！我怎麼可能回答出上面的問題。」其實我覺得並不困難，你可以先試著將「投資」兩個字換成「開店」或是「創業」，如果今天你想要開店賣衣服，套上這些問題問自己，你就會非常清楚地知道做生意要思考的方向，例如賣什麼商品？要賣多少錢？成本應該要怎麼抓？店面要開在哪裏？貨要從哪裏進？賣給什麼樣的人？一般人開店創業前會思考很多，但投資就不會，這就是散戶為什麼投資都賠錢的原因。其實，買股票和創業的本質相同，都是先準備一筆錢，然後去承擔可能失敗的風險，最終賺得所希望的報酬，差別就在於，有沒有花時間去思考、分析成功的可能性。

投資獲利要靠 80/20 法則

　　經濟學中有一個重要的 80/20 法則，其實可以幫助投資人理解市場行為，1848 年出生的義大利經濟學與社會學家維爾弗雷多・帕雷托（Vilfredo Pareto），在 20 世紀初期觀察義大利的人口與財富結構後，發現義大利約有 80% 的土地是由 20% 的人所持有，擴大觀察其他國家，也能得到相近的數據資料，這個發現被後世稱

為帕雷托法則或是 80/20 法則。

　　這個法則在 20 世紀資本主義成熟之後更是加強其作用，因為鼓勵冒險、獎勵優秀的成功者，你可以觀察到卓越的人在該行業的收入遠高於平均，律師、講師、職業運動選手、演藝人員、科學家……等都是，當然在投資市場也可以觀察到相同的情況，我們要能了解，其實只有 20% 的投資人能夠成功，而且他們會賺走80% 的錢。

　　那麼我們要怎麼樣成為那 20% 的投資人？靠幸運嗎？我想答案明顯不是，成功投資人的必要條件不外乎是認真、專注並投入時間，以及調整自己的操作心態，這並不是一件容易做到的事情，但也因為不容易，才更值得追尋，想要擺脫散戶的命運，就要扎實的淬練出自己的投資模式。

1-3

個性決定投資結果
適合別人的並不一定適合你

　　我一直認為，投資行為其實反映著相當程度的個人特質，初入市場的新手投資者時常需要時間面對市場和自我，摸索著如何投資、思考著如何穩定獲利。

　　我遇過的投資者幾乎都曾面對初學時的撞牆期，差別在於有些人可以很快地找到「最適合」自己的方向，有些人則要花上數年甚至數十年的時間才能明白適合自己的投資方法。

找到「最適合」的投資方法

　　我必須要強調「最適合」這三個字的重要性，因為如果你選擇

不適合的投資方式，除了會多花時間走很多冤枉路之外，更慘的是會失去許多寶貴的資金，甚至影響自己的投資信心，那麼該如何才能找到「最適合」的投資方法呢？不外乎多學習、多思考並且開始嘗試。

以我自己為例，剛開始投資時的膽子非常大，幾乎所有投資工具都曾接觸過，包括基金、股票、台指期貨、美指期貨以及選擇權，每次接觸到新的投資工具，就好像開啟一個新世界，充滿驚喜。看著網路上、書本上靠著期權（選擇權）賺大錢的贏家，心中總是充滿著有為者亦若是的壯志，期待自己有一天也能做到。

但是，隨之而來的就是市場無情的考驗，當你覺得想要當沖短線賺快錢，換來的只有被市場波動沖來沖去的結果；而終於下定決心要抱住波段後，期權的高槓桿比更是令人喘不過氣，讓我變得無法安心做其他事，只想要無時無刻盯著盤面紅紅綠綠躍動的K棒，而後更導致無法安眠，終於在一次大幅度虧損後，勇敢砍平所有倉位，換來長舒一口氣的輕鬆，以及大量金額流失的帳戶。

也在離場之後，終於能夠冷靜思考投資這件事，或者是說適合

我的投資方法。

　　於是在深思熟慮、謹慎評估之後，發現短線交易並不適合我，也許是學藝不精、也許是抗壓性不足，總之，短線交易不是我能承受的風險，更進一步思考想追求的到底是什麼？回想起一直以來都在實驗室做著科學工作，科學追求的是真理，或者說在不斷挑戰與事實的證明之下，找到一個接近真理的合理解釋，並且具備「再現性」，這樣才算是一個經過理性思維處理後的結果。

　　從這個角度來看，我非常明白市場上大家喜歡看的技術分析、價量分析並不適合我，因為打開 K 線圖來看，你可以找到技術分析書上說的案例，但也可以找到完全不符合的情況，所以我對技術分析無法產生共鳴，當然就無法從中得到投資的成果。

喜歡價值投資的踏實

　　那麼我所追尋的、接近真理的投資信仰是什麼？其實答案很簡單，就是價值投資。因為從學習過程中了解到價值投資比較有脈絡，其本質就是學習評估一間企業未來所可能展現出來的價值，

然後當市場給它錯誤標價時買入，等待有一天價值被市場認定，甚至因為情緒波動而給予更高的標價，那麼我們如何確定市場終有一天會認同我們所做的估價？這就是這本書所要討論的內容。

在評估一家公司應有價值的過程非常理性，因為你可以基於任何論點進行思考，但必需非常謹慎的確認，並且追蹤後續的變化，如果你能理解如此的分析過程，就會發現其實價值投資的勝率比較高，基於觀察的事實以及未來可能反應的理由，這些你認真研究後的成果，都能帶你找到獲利的機會。

我自己非常享受尋找股票的過程，因為會帶來非常踏實的信心，能夠順利度過市場的波動，而不是在數值圖上畫出花花綠綠的線，然後告訴你這邊一定會出現支撐即將反彈；而當股價繼續向下時，卻又改口說這叫跌破區間，是賣出的時刻，或許有人能透過這樣分析方式獲利，但我不是屬於這一派別的投資人。你也可以思考最適合自己的投資方式，當然重點更在於帶來的實質投資收益，如果你用了一種投資方法卻總是在停損，那不是方式有問題，就是你有問題，代表這個方式並不適合你，請停下來仔細思考並理解什麼是投資，才能幫助你找到最適合的投資方式。

1-4

挖出閃閃發光的潛力股

大家都不喜歡賠錢的感覺

常常遇到有人問我：所謂的價值投資和其他投資方式的差異，有什麼特別的地方，值得你花時間去學習了解？

其實我覺得任何投資方法的出發點都相同，就是找到現在價格被低估的標的，然後等待有一天它的價格回到應有的位置，或者反過來說，找到價格高估，然後等待它跌回原價的股票。為了達到這個目的，學習技術分析的人利用股價走勢推測未來的變化，他們認為推動股價的動力背後一定有原因，與其去尋找那些原因，不如直接觀察股價，當價格轉為強勢時，自然會吸引更多人來追價，強者會續強，今日的高價會是明日的低價。

後來我發現初學者都喜歡學習技術分析，因為容易學也好入門，只要花一個下午就能看完一本技術分析的書，理解書中說明的基礎觀察，但當實際運用在操作上時，就會發現並不像書中寫的如此簡單，特別是碰到盤整時期，技術分析的進出時間會非常頻繁，有可能 1、2 個月下來都是做白工而已，所以很多初學者在很短的時間之內就會遇到撞牆期，此時就是一個值得你靜下心來好好思考的時間點，到底什麼樣的投資風險最適合自己。

曾經遇到初入投資市場的朋友，在學習技術分析後無法穩定獲利，想要學習價值投資，我提供這位朋友 3 個價值投資的優點：

● 第 1 個優點：基於理性

價值投資的基礎比較偏向科學，多數透過數字思考未來的可能性，研究起來相對踏實。

● 第 2 個優點：穩定情緒

價值投資者通常不太需要盯盤，遠離盤面相對能讓你的投資情

緒較為穩定，不容易做出腦衝的決策。

● 第 3 個優點：勝率較高

　　價值投資者的操作週期通常比較長，因為需要足夠的時間讓市場反應一家企業應有的價值，這樣的操作模式往往有較高的勝率，特別是當你對一家公司做了各種透徹的研究。

　　當然，如同上一節提到的內容，投資本來就是八仙過海、各憑本事，世界上不存在完美的投資方式，重點仍在是否適合自己。我個人非常不喜歡賠錢的感覺，提升勝率與拉長持有週期，以換取更大的報酬幅度就是我努力的方向，走上價值投資這條路，就會是最適合我的投資方法。

1-5

盡信書不如無書
真正學會才是真實力

我於 2018 年設立「修正式價值投資」的 FB 粉絲專頁，分享自己的投資心得與觀點，當時很多朋友看到粉專名稱的第一個問題都是：為什麼是「修正式」價值投資？到底要修正什麼？

我一直認為進入投資市場要學會的第一件事就是「懷疑」。

你要學會懷疑看到的一切，例如新聞報導某公司業績很好，投資人在內心就要產生「真的會很好嗎？」的疑問；網路上有大大說：某公司有主力炒作，那是真的嗎？這些疑問都會促使你進一步去尋找答案，提升自我投資技巧其實沒有捷徑，就是多看、多讀、多思考，「盡信書不如無書」非常重要，因此將學習到的知識內

化成為自己的東西，就是「修正」的意義。

在投資過程中，從每次交易學習到的經驗不斷自我修正，以下歸納 3 種關鍵性的修正與大家分享：

● 修正 1：不要限制股票持有的週期

長期投資的確是增加勝率的重要因子，但這不代表所有的價值投資標的都需要長期持有，更重要的是「觀察」持有的公司是否已經反映所有的內在價值，或是有其他的條件更動產生價值上的變化。如果答案是「YES」，那就一定要做出應對，股票不可能一成不變，也就沒有長期持有的必要性，所以不應該設下條件，限制自己一定要持有一家公司的股票多長的時間，其內含價值的變化以及價格是否已被市場反應，才是真正的重點。

● 修正 2：看待一家公司的表現要具備遠見

普遍來說，價值投資者會認真的閱讀財報，並從中找到值得投資的優秀公司，不過其實財報數字並不一定完全反應公司的現況。比如說，成長中的公司初期需要比較多的資金進行研發或是建立

生產線，因而造成現金流量不佳。有些投資人可能就會刪除不看，但是這樣的公司有時更藏著相當大的投資機會，或是在景氣低迷時開立新產線、研發新產品，低營收加上新產品的學習曲線，就會降低毛利率，EPS 當然也不好看，甚至出現虧損，此時市場就會給予非常低的評價，不過這反而是認真的價值投資人上場的好時機。

● 修正 3：在不同景氣位置的操作方式

景氣如同四季一般，總是不斷循環，差別在於季節的更換有規律的時間性，但景氣循環則沒有那麼準時。在不同的景氣階段，我個人在選股與操作方式的出發點也會不同，當景氣在谷底打轉，還不知道何時能回溫的階段時，我比較喜歡選擇大家認為的好公司，因為財務體質優秀的企業具備更深厚的底氣，而且此時這些公司也在價值線的邊緣，下跌空間有限。

而若是在景氣反轉、正在快速發展的階段時，就可以選擇使用營運槓桿的公司，通常在市場需求增溫時，這類型的公司會比其他保守的同業站在更有利的位置。

　　總而言之，我認為在操作與選股的思考上，不應該設定太多限制，例如本益比超過幾倍不買、負債比達到多少時不看、自由現金流量是負值的公司就不考慮等，並不是說這些財務指標不重要，而是要能去了解指標背後所代表的意義才是重點。單純只套公式會錯失非常多優秀的成長型企業，因此多閱讀、多思考，絕對能帶來投資成績的突破，特別是當你經歷過一段市場波動之後，就會對自己以及整體投資市場有更多的體會，也許你會發現，我的修正不一定適合你，你也會找到屬於自己的投資心法。

1-6

優雅地迎接投資成果

最好的投資就是自己

　　年輕時在金門服兵役，在兩年的時光中，有 4 次返台假期，可以選擇的交通工具包括自行購買機票、排軍機機位或是搭乘軍艦，而我都選擇坐船回台灣，原因是坐船的時間長，一次排假就可以排到 10 天以上，有時如果遇到天候不佳，船期一延也就是 10 天，帶點賭博性的味道存在，而坐船的時間雖然很長，但可以在船上看看書、隨意走動，至少比起留在營區早點名、晚點名、唱《風雲起山河動》的按表操課，相對愜意許多。

　　記得有一次印象深刻是在第 2 次坐軍艦時，遇到非常認真的海軍長官，上船前在碼頭列隊時，他提醒大家在船上最重要的一件

事就是：「Know your boat」，因為這是一個你要待上 30 小時的陌生環境，沒事當然可以在餐廳或是寢間休息，但萬一出狀況，你必須要知道船上逃生的動線以及如何抵達，這是出海前極為重要的準備工作之一，你雖然不是正式船員，但仍要知道這艘船的相關配置，才能確保航行時的安全和危急時的緊急處理。

「投資」先從認識自己開始

雖然已經事隔多年，但我仍然會想起那天長官的那一段行前教育，因為將這個觀察套用在理財投資也同樣行的通，在進入投資領域時，你的船就是你自己，所以從一開始就必須要了解自己的先天條件、當前的財務狀況與投資目標，這樣才能做出最適合自己的投資策略。

首先就財務狀況而言，每個人的收入、支出、儲蓄能力和當下的資產情況都不相同，了解這些數字就能評估自己的風險承受能力，與應該投入的資金上限。舉例來說，如果現在 30 歲，是上有父母、下有妻小的三明治族群，那麼你就要考慮你收入狀況，扣除必要支出，計算可供投資的金額，進而選擇合適的投資商品。

　　再者要確定自己的投資目標，不同年齡、家庭狀況與性格的人，就會有不同的投資目標。舉例來說，累積退休後的資產、替子女存18 年後的教育基金或是希望能找到 3、5 年後的資金成長等等。這些目標也會大大的影響所運用的投資策略，以及追求的投資回報。

　　最後，當然就是要了解投資市場的運作，這需要非常大量的知識累積，而投資方式百百種，我喜歡以基本面為出發點的價值投資，去找尋目前被市場低估的產業與公司，本書接下來的章節會逐一說明。

　　總而言之，踏入投資市場其實就如同出航，尋找獲利的契機，同時也會伴隨著風險的存在，因此好好了解並思考自己所處的情況，才能達成理想的財務目標。這不是一條輕鬆的道路，我想這世界上也不存在著輕鬆賺錢的方式，所以重點是，你必須對基本面分析有興趣，而且能夠認同，投入時間和心力認真收集資料，尋找市場給予錯誤估值的公司，這也是本書主要想與大家分享的投資方法。

　　當然，努力的回報就是投資收益，如果能做到上述的方法，你

的投資應該就會是優雅的姿態，也能享受其中的過程，而不是每天貼緊盤面，緊張兮兮的看著紅紅綠綠 K 線的波動起伏，然後吃不好、睡不好，理解基本面分析的投資人，就能看透股市波動，找到真正影響價值變化的因子。

　　但若是你覺得沒有辦法做到，那就不應該去追求超額報酬，反而要轉往以平均報酬為目標，運用指數型 ETF（全市場而非個別產業型）為投資主軸，讓資產與整體經濟同步成長，將會是比較好的方向。

02

開始你的
價值投資之路

2-1

「買低賣高」是核心概念

找到「股票價值」是一門投資顯學

相信大家都一定聽過「投資不困難，就是買低賣高而已」。的確，如果要用最簡單的方式陳述投資獲利的準則，那真的就是「買低賣高」四個字，但這之中卻包含許多的觀念、方法以及操作理念，要能夠做到「買低賣高」，這背後的功夫可不是簡單的事。

以大立光（3008）為例，在 2013 年 10 月，其股價衝上千元大關，當時如果以過去經驗來看，當一家公司股價來到千元時，通常都是該公司的相對高點，所以如果當時你也這麼想，而沒有花時間研究大立光的產業狀況，就有可能出現誤判。2014 年，大立光股價站上 2,000 元之後一路走高，最終在 2017 年達到最高點的

6,000 元，所以千元對比 2013 年以前是高檔，但與 2017 年比較則是低檔，如果以單純的數字來看就容易失準。所以，到底要怎麼做才能買低賣高？

對於此一問題的分析方向與思考邏輯，就是價值投資的本質，以低於內在價值的價格買入股票，並持有到市場反應股票的價值，這就是「買低賣高」。而一家公司的價值要如何得知呢？其實這並不是一個精確的數字，我們可以用幾種方式進行「推測」，但無法真正推估出一個絕對數字，這個部分我們在第四章估值篇時再做說明。

整體來說，投資並非算是完全的科學，而有點偏向哲學，哲學本身其實就存在著多元性，我們常見許多哲學理論總是互相衝突。例如性善說與性惡說，在本質上完全背道而馳，但實際上如果以一個人的人格表現性來說，其實可以看到兩者並存的表徵，所以哲學比較重視推論與邏輯，在討論的過程中，你必須提出一個理性思維的推論，並符合邏輯的學說，才能被眾人所接受，這點放在投資上也是一樣。

　　關於投資，市場上充滿著各式各樣的分析方向，包括基本面、產業面、技術面、籌碼面等琳瑯滿目的方析面向都有各自的理論基礎，當然也有優點與劣勢存在，就像條條大路通羅馬，你可以選擇的道理永遠都不會只有一條。

　　那麼，這麼多投資方法到底哪一個才最正確？

　　其實，我不會說哪一種投資方式絕對正確，甚至對與錯也並不重要，在投資市場裏，最重要的永遠都是哪一個方法最適合你。我認識的優秀投資人無論是用哪一種方式操作，他們共同特性就是有屬於個人的操作心法，不被他人或市場情緒所影響，我也一直認為，找到最適合自己的投資哲學，是成為優秀投資人的必備條件。

2-2

要怎麼收穫就要怎麼栽
就從整理投資清單開始

　　投資和其他知識一樣，沒有人天生就會，大家都需要時間日積月累，投注愈多時間整理、思考理財知識，換來的就是日後你能越快速地對於投資事件做出反應，這些本事沒有其他人能幫忙，只能靠自己一步一步累積，就如同白居易寫下的「千里始足下，高山起微塵」的道理。

4 大重點掌握公司現況

　　那麼要如何開始著手呢？我建議從整理自己的投資清單開始，例如今天你看到新聞提到某家公司未來發展可期，你覺得這個產

業發展應該充滿潛力，這時就能從此開始下手，利用公開資訊觀察站查詢該公司的年報或是公開說明書，並利用 Google 確認相關訊息，就能有初步的基礎知識，然後我在做股票功課時，會整理出以下 4 個重點，因為這代表著一家公司「現在」的表徵。

● 重點 1：觀察產品組成變化

挑出高毛利的產品，如果產品組成改變，毛利率就會跟著變動，進而影響市場評價。

● 重點 2：掌握市場規模、成長率、市占率

市場規模、產業的成長性以及市占率等條件，會影響公司未來的成長空間，台股中有部分在小規模市場的王者公司，因為市場規模小，反而讓大公司無法進入小巷，成為保護機制，不過要注意的是如果有取代性產品出現，就會完全崩壞。

● 重點 3：留意過往的本益比變化

本益比河流圖非常具有參考價值，如果可以找出影響本益比變化的因子更好。

● 重點4：洞悉未來產業變化與動向

在觀察企業未來的產業變化與動向，就可能會加入個人的推測，推測的來源可能是法說會、年報等資訊，不過重點在於日後的持續追蹤，隨時注意企業發展是否往推測的方向走。

整理完上述重點之後，是不是對於公司就更加了解呢？那麼，當日後你再讀到新聞或是看到法說會內容時，如果講到某一項高毛利的產品即將增加出貨量，那就代表著這家公司未來可能會看到毛利率的提升。

有了這個想法之後，就能很快的整理出接下來的投資方向，之後陸續增建自己的清單，初期可以從同產業其他公司下手，可以從不同角度觀察不同公司的看法，再來也可以從產業的上下游去尋找有關連性的公司，日積月累下來，對自己投資的敏感度就會大幅提升。

「譜瑞－KY」的案例

以譜瑞-KY（4966）為例，這是 2022 年 11 月，我寫在訂閱平

台中的文章節錄。譜瑞是一家 IC 設計公司，主要的產品都與高速傳輸的電子次產業相關，目前大致分成兩種類別（未來可能會合而為一），分別是影音傳輸及資料傳輸，說明如下：

● 影音傳輸

早期影像輸出是使用陰極射線管為基礎的 CRT 螢幕，屬於類比輸出，所以搭配的天線、錄影機等器材也都是類比訊號，所以早期的電腦影像輸出介面，像 D-Sub、DVI 接頭，都是將電腦端產生的數位訊息轉為類比給 CRT 螢幕顯示。

不過隨著數位顯示的 LCD 開始普及，就可以從電腦端直接以數位輸出給顯示器了，因此 2002 年左右，數位傳輸的 HDMI 成為影音輸出的主流，而約在 2006 年時，HDMI 出現了挑戰者，就是由美國的視訊電子標準協會（VESA）公布與製定的 DisplayPort（DP）規格，他們有幾個特點，第一不收授權費用，廠商可以直接採用，另外在資料傳輸上採封包傳輸，與電腦平常傳輸資料的格式類似，因此 DP 擁有比 HDMI 更快的傳輸速度，所以 DisplayPort 能提供比較高的更新率（FPS），這部分在遊戲需求

面就表現的很明顯，因為比賽時如果出現掉幀造成畫面些微停滯，可能一閃就發現你已經被對手打死了，所以 DP 在高階電腦的市占率快速提升。

前面提到 DP 採用的是封包傳輸，所以在設計上有新的應用方法，比如說筆記型電腦就將此技術整合，稱為 eDP（embedded display port, 嵌入式 DP），可以做到減少排線和腳位、縮小體積，也能降低功耗，同時會加入稱為時序控制晶片（TCON）進行整合。對此，譜瑞設計出獨家產品 TCON Embedded Driver（簡稱 TED），做到比傳統的 TCON 更小，且能直接貼在薄膜電晶體液晶顯示面板示（TFT LCD）玻璃上，連排線都不需要，因此傳統顯示 FHD 的筆記型電腦需要 3 ～ 5 顆 TCON，但譜瑞的 TED，只要一顆就能處理 4K 畫質，加上減少晶片使用數量，在體積及功耗上具有優勢，因此特別適合使用在追求輕薄、窄邊框、高待機時間的商務型高階筆記型電腦產品。

● 資料傳輸

資料在進行高速傳輸時，會發生訊號衰退的現象，此時需要將

訊號增強，通常是運用中繼器晶片來增強訊號。不過中繼器在高速輸傳時的雜訊很高，如果傳輸距離拉長的話，就會產生很大的影響，所以這時就需要重新計時器 Retimer 晶片，它能接收後重整再發出，大家可以想像成幼稚園老師帶小朋友出去玩，走一段路之後就要讓小朋友們重新整隊後再出發，不然可能會弄丟小朋友。

現在電腦的傳輸種類越來越多，不論是 USB4 或是 PCIe Gen5 等，新的規格就會帶來產品的升級需求，單價和毛利也比較高，另外這顆晶片在伺服器上的應用日趨重要，伺服器內部設計上，新的主機板通道數目也持續提升，而依譜瑞年報中提到，目前每 8 ～ 16 個通道會搭配一對 Retimer IC，而新設計的伺服器會用到 128 個通道，就需要約 16 ～ 32 顆的 Retimer IC，這都有機會持續提高需求，再加上目前 Retimer IC 只有譜瑞和 Astera Labs 兩家公司有生產，市場規模並不大，目前約為 1 億美金，所以是大廠不太想碰的小產品，但對於小股本的公司來說，就會是非常重要的產品線。

當然譜瑞不只有這兩項產品，還包含其他大大小小與傳輸、轉接相關的晶片，但以市占率和產品比重來說，還是 TED 和

Retimer IC 最為重要，也從上面的說明可以了解，譜瑞是一家在產品市場上有特殊定位的公司。我個人蠻喜歡有特色的公司，因為獨特性會讓市場給予較高的本比益，而當遇到總體經濟及產業逆風時，才有機會跌落至便宜的價格，但只有價格便宜沒有用，我們必須要去了解未來他們能否重返過往顛峰，我個人認為，譜瑞目前所具備的護城河包括：

● 競爭力 1：長期專注研發傳輸技術

譜瑞擁有許多自行開發的 IP，並不是跟 IP 公司購買，這個優勢會讓對手不容易跟上腳步，需要花時間重新自行研發。

● 競爭力 2：VESA 重要會員

前面提到的 VESA 協會，譜瑞是創始成員之一，並且現在也占有一席董事，是重要推手，也參與規格制定，因此這對於新規格的開發將非常有利。

● 競爭力 3：TCON 主要競爭對手轉向發展

譜瑞的主要競爭對手德儀和 NXP 兩家公司，目前都往高階產

品發展，主要以工控、車用為主，對於 TCON 沒有再投入心力，所以譜瑞推出的新 TED 晶片有機會繼續擴大市占率。

● 競爭力 4：Retimer IC 市場規模小，大公司沒興趣

Retimer IC 目前市場模約 1 億美金，研究單位預估 2025 年可能會達到 4 億美金，但這對大廠來說仍是非常小的產品線，所以不太想投入資源進入這個市場。

但是，如果這家公司成長深具潛力，為什麼股價會從二千多元一路跌破 600 元呢？主要是因為譜瑞的終點應用產品大多為 NB 和 PC，而這正是目前最弱勢的消費性電子產業，所以在這一波全球電子產品清庫存的情況下，就出現較大跌幅。但我們永遠要用未來眼光看待公司的發展，譜瑞在景氣低迷時，研發費用仍持續在高檔，因為他們一直致力於車用產品的開發，未來車用產品，特別是電動車將會有很多螢幕的需求，也有愈來愈多的公司所開發的車用系統晶片（SOC）採用 eDP 做為傳輸規格，只要認證通過再加上市場需求增溫，未來會成為譜瑞全新的產品線，個人認為這家公司應有機會走在成長的道路上。

　　從譜瑞案例來看，你是不是對這個產業及公司有深入的了解呢？其實這些內容從公司年報及新聞都能看到端倪，只要願意花時間整理及理解，就能提升自己的投資能力，並一點一滴的累積實力。此外，這也代表著你必須親自做這件事，因為過程與成果同樣重要，只有當你一家一家公司的整理並了解他們現在的發展方向後，這份清單就更具備價值性，如果你想往主動投資方向走，追求超額報酬，那麼像這樣的基本功夫更是絕對不能少，終而能達到厚積而薄發的境界。

2-3

掌握公司性質及生命週期

興與衰終有時，抓住轉折契機

　　開始研究股市一段時間之後，你一定會開始發現問題，其中對於初學者來說，比較無法理解的就是，為什麼有的公司一年賺 2 元，股價可以上百元，本益比達 50 倍以上，而有些公司一年賺 4 元，股價長年來都在 40 元上下，本益比只有 10 倍左右，究竟市場為什麼會給出不同的評價標準？

　　當然可能有很多種答案，不過最常見的情況，其實就是這兩家公司位在不同的生命週期階段，如果把一家公司的營收變化繪製成圖形，就可以看到 4 個週期變化，從一開始的成長期，接著進入穩定期，再遇到衰退期，終而結束生命週期。

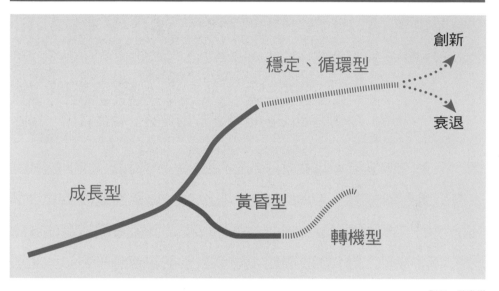

企業生命週期圖

創新

穩定、循環型

衰退

成長型

黃昏型

轉機型

製圖：陳啟祥

　　當然不是所有公司成長的歷程都能如此順利，大多數公司在創業後不久就可能遭受重大打擊而用盡資金、無法再經營下去，不過如果能走完公開發行，並成功到興櫃掛牌，多少代表這家公司已經擁有基礎的營運方向。例如一家小型公司在成功開始接單後，就有機會進入成長期，這時就非常需要資金挹注，用來繼續研發以及建立新產線，能販售的東西愈來愈多，就能持續拉高營收。

當達到一定的市場規模時，所要面對的挑戰就會出現，此時營收可能不太容易再大幅成長，資本支出因銷售需求下降而不需要蓋新產線，到此就可能進入穩定期，當然，這不代表這家公司的營收不會有波動，而是比較會隨著整體景氣變化及產業循環而起伏，此時市場就會向下調整其本益比，因為看不到企業的成長性。

穩定期之後如果公司沒有創新，而受到新進者的挑戰，甚至整體產業都走向沒落，營收下降或是開始崩跌，則是衰退期，如果沒有能找到新的突破方式，則該公司就有可能結束營運的生命。因此，我們再重繪一次企業生命週期（如圖灰色字），從其中看出來再優秀的公司，也會面臨中短期衰退的可能性，所以對於投資者來說，能否抓到轉折點，往往是成功的關鍵。

經由上面的說明，我想大家可以清楚地明白，分辨一家公司當下的生命週期階段非常重要，可惜這世上不存在一個完美指標，告訴你現在是在哪一個週期，我們只能依據該公司的表現自行判斷，提供下述 5 個方向思考：

● 方向 1：公司成立的時間長短

　　雖然不是絕對，不過成立時間長短通常會是重要的指標，如果公司成立時間短，以少於 5 年為例，能在興櫃以上掛牌，那代表這家公司可能處在成長期，至少其經營者和出資者肯定這麼相信。而成立二、三十年的公司，在成熟期的可能性比較大，不過也有老牌公司找到新的經營方向，而重新進入成長期的案例，因此了解產業背景是價值投資非當重要的一環。

● 方向 2：觀察近 5~8 年的營收變化

　　如果觀察近年營收，看到公司每年營收都呈現成長，代表公司在成長期的機率較高，不過此時要注意的是，何時會出現成長達到頂峰的時候，而如果是近 5 年營收都在正負 20% 上下的話，則代表處在成熟期，如果每年都持續衰退，那可以說是衰退期無誤了。

● 方向 3：毛利率的變化

　　通常來說，成長期的公司毛利率也會成長，因為伴隨著營收增加，許多成本會被分攤，像是採購成本或是折舊成本，而衰退的

公司毛利率則會明顯下滑，不過這項數字並不是絕對，也有毛利率持平但一直成長的公司，所以還是需要進一步了解產業，另外，如果毛利率的表現沒有隨著營收維持，甚至出現背離，那也不是好事，有這樣的情況仍然要提高警覺。

● 方向 4：從產業面切入

　　我在找尋成長股時還有一個做法是，先從產業下手，找到未來可能成長的產業，而這些產業會有一些特色，像是新需求的出現、新技術的產生、突破性的成本下降……等，當然就目前的角度來看未來可能的發展並不容易，除了需要多方蒐集資料外，思考與加一點想像力都是必要的條件。如果能找到新發展的產業，就能從中找到成長公司，至於要如何思考、評斷並抓住產業面的變化，我們會在 3-1 有更詳細的說明。

● 方向 5：注意循環週期

　　每家公司、產業都有不同的特性，也有他們的循環週期性，因此在了解公司若注意到其處在營收、獲利狀況非常好的時期，就要去思考這個位置會不會就是其循環週期的高點，而非真正的成

長期。這個部分要從企業的商業模式深入探討，觀察過往的營收起伏變化，透過閱讀公司的年報，藉以判斷公司現在營收大好的原因，這個原因是否會持續？還是只能維持一段時間？最簡單的案例就是像 1-2 節所提到的航運公司，因為疫情出現人力不足而造成塞港，導致運費爆漲 10 倍以上，這明顯就是一個不會持續的現象，因此就不該用成長股的角度來看航運公司的發展。

從上面的說明可以明白，如果能判斷出一家公司所處的生命週期，對於我們後續的分析將會非常有幫助，特別是在估值的時候，對於需要套入哪一個本益比區間的決策，就比較有判斷的方向，這個部分在第四章會談到。

2-4

財報是價值投資的共通語言
不用很專精，但一定要看得懂

　　巴菲特曾說：「你必須懂得財務會計，而且必須深入了解財務會計的細微之處。財務會計是商業世界通用的語言，儘管是一種並不完美的語言。除非你願意投入時間精力學習和掌握財務知識，學會閱讀分析財務報表，否則你就無法真正獨立地選擇股票。」

　　對於基本面的投資者來說，看財報是必備的基礎能力，因為這就是語言，了解語言才能和別人溝通，而了解財報才能進而知道經營者對於公司營運成果與目標，這一點非常重要。換句話說，讀懂財報就像開車用導航一樣，能讓你知道這家公司現在在哪兒，以及可能要去的地方。

財報透露關鍵訊息

本書不是專門說明財報的書籍，所以就不在此詳述財報會計的相關知識，不過非常建議讀者另外找財報專書閱讀，增加財報結構的知識，對於以基本面分析為基礎的價值投資人來說，可從下面兩個角度思考財報所要表達的訊息。

● 角度 1：評估獲利的多元面向

營利是公司的核心目標，而我們投資公司就是為了獲取收益，而財務報表上的數字就能說明一間公司是如何賺錢？損益表則是告訴你公司的營收在扣掉成本後，賺賠多少錢，而公司的營收運用到哪裡，或是製造多少商品要販售，這些透露出過往與未來變化的訊息則會在資產負債表中表現。

資產負債表的右邊是負債和股東權益，說明公司的錢從哪裡來；左邊則是資產的部分，告訴你錢燒到哪裡去。所以如果在股東權益中看到股本增加快速，來源是現金增資，則說明公司一直在向投資者要錢、要很多錢，而募資之後呢？就要看左邊的資產部分，若廠房、設備持續增加，就代表這筆資金運用到產線，有

產線才有產能、才有東西出售;但若是增加商譽,則這筆資金可能用在併購其他公司了。當然無法斷言哪一個比較好,但投資人仍要了解這家公司到底蓋了多少產線?要生產什麼?或是併購哪一類型的公司,價格是否合理等面向。

另一個重點則是獲利的可持續性,無法持續的獲利只能增加公司淨值,而能夠長久持續的獲利才能讓公司長久發展。因此未來在做估值時,要扣掉一次性的獲利,像是賣土地、賣廠房、賣子公司或是保險收入……,才能避免用過高的獲利來評估本益比,結果就容易失真。

● 角度 2:數字背後隱藏的風險

財報中有些數字反應的是當時所表現的數字,而未來則可能會出現變動,當然,我們不能排除公司方可能會刻意做出較高或是較低的數據,所以某些數字存在著一定的風險,舉例來說:

【有風險的數字 1】應收帳款

營收增加後應收帳款也會增加,這是合理的表現,但應收帳款有可能收不回來,收不回來的原因通常有 3 種:

．營收對象是否過於集中，特別是集中在沒聽過的小公司。

．過往幾年的應收帳款週轉率的表現是否正常，近期是否發現過度拉高的情況。

．公司的收款模式和過去相比是否有所不同？

【有風險的數字 2】存貨

　　有些公司會把報廢品先放在存貨項中，待日後再一次認列損失，這種情況非常常見，我自己以前待過的公司就是如此運作。因為部分產品難以界定效期，就有上下其手的空間，比較難以單純用財務報表判斷，只能透過銷售天數的變化觀察是否有異常情況，並且要能了解公司產品的生產流程，並觀察哪一個部分的存貨會出現問題，這就要從商業模式著手了。

【有風險的數字 3】固定資產

　　有些公司會以過高的價格收購固定資產，特別是從經營者手中買下，這其實有點掏空公司的疑慮，所以如果看到公司有購買固定資產，就能再深入確認交易對象是否為公司關係人，相反的，賣出資產時也可能會有低賣的情況，現在政府規定買賣公司資產都要公告，因此投資人一定能查到相關訊息。

【有風險的數字 4】短期投資

先前看到一家上市公司因為產業變化，產品需求逐漸被取代，造成本業獲利不佳，但卻積極操作短期投資，從公司公告可見不斷買進賣出許多公司的股票，像這樣的情況就不夠穩定，因為投資人無法推測獲利的實質基礎，難以做出合理的價值評估，我都會避開這類型的公司。

另外，閱讀財報的重要方式是「比較」，因為股票的交易價格具備某程度的預期性，反應部分現況與未來，而透過比較就更有機會掌握到未來變化的可能性。舉例來說，判斷一家公司的毛利率好或不好，通常就是和同業比較，以及和過去比較。

比同業好代表產業地位有優勢，就更有議價空間；比過去好，則代表公司正在成長，產品組合出現變化，或是找到能降低成本的關鍵，而這些資訊除了單純看財報數據外，更重要的是要了解公司的經營模式，只看財報無法看出全體的變化，但不看財報則更不能理解公司現在的營運狀況，所以財報反應一家公司當下的情況，不過藉由與過去的比對，就可以看到其移動的軌跡，進一步推測未來的方向與可能性。

練習避開地雷股

以 2007 年下市的雅新（2418）為例，雅新以 PCB 板起家後續跨入電源供應器及整機組裝等代工業務，在 2005 年切入 LCD 電視組裝業務，營收一度衝上新台幣 334 億元。

但雅新在 2006 年卻出現對供應商延遲付款的問題，此時事件才開始爆開，交易所查帳之後，雅新才提出說明因更換電腦系統、操作不當，造成虛灌營收 89 億元，並且對合作銷售 LCD 電視的主要客戶 Protron，應收帳款從 2006 年中的 23 億元，僅半年就提升到 57 億元，有異常的情況。後續調查發現可能是租用海外倉庫，將商品列在海外而虛增營收，最後編不出合理財報，並開始跳票及被銀行凍結資金，最後聲請重整而下市。

其實，雅新被認為是台股中最不容易躲開的地雷股，因為在出事前的公司營運狀況良好，客戶又是國際大公司、營收規模大以及有發放股利，真的要說起來，大概就是毛利低算是警訊吧！所以，我喜歡選擇占有特殊產業地位的公司，毛利率就會是一項重要的觀察指標，能夠長期維持高毛利率的公司，只要觀察毛利率

的表現若一直往下掉，就可能代表遇到問題，而問題能不能解決？這部分的研究分析能力，就是每一位想撿便宜的貨投資人所要做的重要功課。

除了雅新之外，當然也發生過不少地雷事件，它山之石可以攻錯，其實了解過往出問題的公司，也就能學習避開地雷股的技巧，建議前往財團法人證券投資人及期貨交易人保護中心的網站（註），在首頁欄位選擇「業務項目」下的「股東權益專區」，專區內有「實務案例介紹」，介紹了非常多過往台股出現的地雷股案例，像是上面提到虛增營收的雅新，還有歌林（1606）對單一客戶有鉅額銷售而引發呆帳的事件，最後歌林也下市，品牌轉賣給憶聲（3024）等案例，都非常具有參考價值，相信未來在選股時，就會特別留意到是否有類似特質的公司，進而避開地雷股。

註 ｜ 財團法人證券投資人及期貨交易人保護中心的網站網址：https://www.sfipc.org.tw/

2-5

成長股擴大投資績效

擁抱高風險、高報酬

在了解企業的 4 個生命週期之後，我想告訴所有願意學習分析的主動投資人，請把時間花在找尋、研究及追蹤成長股上面，因為這類型的公司，將會為你的投資效益帶來重大的影響。成長股的漲幅通常是 1 ～ 2 倍起跳，有些甚至可以達到 5 ～ 10 倍，只要能找到一家成長型的公司，即使只投資20% 的比重，也都能帶來相當不錯的收益。但是，高報酬的可能性背後，存在的就是風險與難度，成長股有時很難出現比較大的安全邊際，除非你能在早期時就發掘公司潛在的成長可能性，但這伴隨著就是較大的風險，這些困難點都是未來轉化成報酬的可能因子，這也是值得花時間去挑戰的原因。如何找到充滿潛力的成長股呢？以下分享 5 個要點：

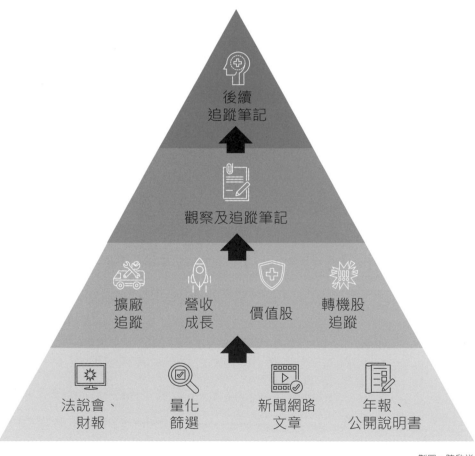

知識金字塔

後續
追蹤筆記

觀察及追蹤筆記

擴廠
追蹤　　營收
成長　　價值股　　轉機股
追蹤

法說會、
財報　　量化
篩選　　新聞網路
文章　　年報、
公開說明書

製圖：陳啟祥

要點 1：熟悉產業面變化

　　最容易出現翻倍股的情況，可以說是產業出現重大變革。例如近幾年來，5G 的新規格拉動 PCB、散熱，充電樁的新需求，也帶動不少機電公司的成長，而近期 AI 話題與熱度更是讓主機板、機殼及電源供應器公司，受到話題而有顯著成長。當然，若看到新聞報導時，可能機會都慢了好幾拍，也許不到最高點，但相對的風險也都提高，因此平常就要多收集產業面的消息，並且經過思考與消化，用一點想像力推測可能的下一波變化，就有機會找到翻倍的股票。

　　當然要做到這點並不容易，就像武俠小說中，練功夫都要從紮穩馬步開始，要能做到了解產業面的變化，其實也是如此。在日常閱讀就要花時間整理資料，我將這個過程稱之為「知識金字塔」，在最底層的部分，就是來自於日常的資訊收集，來源包括新聞、研究報告、網路資訊、公司法說會、年報……，資訊收集的愈多愈廣，就像金字塔的底層愈大，蓋得就愈高的道理相同。之後則要試著把收集的資訊經過消化及整理，否則就只是一堆訊息而已，建議透過整理筆記，摘錄資料重點，例如該公司何時擴廠？何時完工？何時上線？上線後產能增加多少？這些訊息會影

響日後做估值的正確率，詳細的說明可以參考我的上一本書。

要點 2：破壞者的出現

身為價值投資者一定非常熟悉，巴菲特經常說的護城河概念，擁有護城河的公司，通常也代表著不易被動搖的產業地位。不過我們可以反過來想，當這一道高牆出現挑戰者的時候，會是什麼情況？而其中有一些挑戰者能成功的變成破壞者，而破壞產生有很多原因，包括替代產品、新商業模式或是政策及法規的改變，都有讓新挑戰者找到突破口的機會。

要點 3：股本小是翻倍股的條件

股本小的公司是翻倍股產生的重要條件，因為當這一類型的小公司，一旦找到獲利的新賽道，成長的速度就會非常快。試著想像若和股本 2、3 百億元的大型公司相比，股本在 10 億元以下的公司，多賺 1 億元，其 EPS 就會多 1 元以上，的確有比大型公司更快進入成長期的可能。

要點 4：耐心等待花開

耐心也是掌握成長股的必備條件之一，因為公司在發展過程中可能不會完全順利，例如研發的時間比預期慢、建廠的速度落後或是新產品的市場接受度不如預期等，這些問題都需要時間克服，我們要做的就是：等待並觀察公司是否真的能夠做到他們的諾言。

要點 5：風險管控極為重要

追逐成長股總是帶有風險，不管是成長不如預期的修正風險，或是在還沒嶄露頭角時認為他們可能成功，但最終以失敗收場的風險。簡而言之，就是當成長股不再是成長股的風險，此時市場會回收對於成長的期待，造成本益比修正，若獲利也跟不上的時候，股價的修正將會非常巨大。

當然要判斷這個情況是否會出現並不能只看數據，營收衰退、獲利衰退有可能是一時、也有可能是持續性，所以要試著深入了解真正的原因，才能讓自己有更多判斷的訊息，降低誤判的可能性，因此，對於感興趣的公司，花時間追蹤最新的資訊並記錄整理，當成日後參考依據，都是認真投資者所要做的基本功。

無可限量的未來仍存在風險

以 2023 年 9 月寫在訂閱平台中的文章節錄的晶呈科技（4768）為例，晶呈曾經是電子材料通路商利機（3444）的子公司，當時主要的業務為進口太陽能周邊材料及特殊氣體的代理廠商，2012年利機看壞未來太陽能的發展，出脫持股，由新股東增資認列並開始轉型，從代理通路走向自製自產。2016 年竹南廠完工開始生產，以產品組成來看，目前最主要的營收來源屬於精密化學品的特殊氣體，2022 年占營收 96%，這也是晶呈近年來最重要的成長動能。根據晶呈的年報及過往的法說會的內容，以及研究單位預估，特用氣體的複合年成長率在 8.8% 左右，市場規模持續擴大中。

而特用氣體在製造端大致分成 4 個等級，其中最高級的一級是能夠從合成做起，晶呈目前是國內唯一能夠自主完成全製程的在地供應商，目前客戶包含半導體、面板、太陽能及 LED 產業的生產公司。以半導體業來說，隨著製程技術的提升，過往習慣向氣體大廠一次購足所有需求，但高階製程對於氣體的規格要求更高，因各家製造廠專精的產品不同，採購模組開始轉變為分類購買，因此能專注在某些產品的中小型廠商，就能順利找到新的出路，

再加上在地化的需求，因此就成為晶呈的新契機。以 2022 年來看，晶呈的銷售區域有 76% 是內銷，供給國內科技大廠，以最大客戶台積電來看，2021 年銷售額約為 2.2 億元，2022 年成長到 5.1 億元，2023 年 Q1 就賣了近 1.5 億元，成長態勢非常明顯。

在產能部分，以 2022 年從晶呈年報資訊來看，其實在 2021 年就達到約九成的產能利用率，因此近年來晶呈有多次現金增資的記錄，目的都是為了建立新的廠房與產線，不過股本也從 2019 年登上興櫃時的近 3 億元，成長到現在的約 3.9 億元，而 2023 年 8 月 9 日也公告將再度增資，之後股本會來到約 4.3 億元。

當然，一直增資就要拿出相對應的成績，先前現增的資金用來興建竹南二廠，原先預估在 2022 年完工，但遇到疫情推遲進度，以目前新聞及公司提供的說法來看，預定將在 2023 年 Q3 完成裝機及試產，明年就可以正式上線。

晶呈曾經在法說會中，說明依公司過往發展的經驗來看，通常是第一年試製送樣、第二年開始放量、第三年就有機會達到滿載，另外也已經買好土地，準備興建蓋第三廠，而從法說會的資訊來

看，目前二廠新增的產能包括：

- 氟氮氣新增產能可以從四級做到一級，預計產能約在 5.4 萬支，產值在 11 ～ 15 億元之間，2023 年 9 月產品就能開始提升產能。
- 六氟丁二烯（C4F6），二級產能 100 噸、產值 10 ～ 15 億元，這條產線放在一廠，目前已經開始送樣給客戶；而原先規劃在一廠要置放的一級合成產能 200 噸，現在則調整至三廠。
- 其他產品六氟化鎢（WF6）、無水氟化氫（AHF）、CO、去光阻液（Stripper），也會在二廠設置試製產線，未來正式的產線應該會放到三廠才有空間，法說會評估產品未來的產值約為 60 ～ 90 億元。

總結下來，二廠新增的產值約為 21 ～ 30 億元、未來三廠新增約為 60 ～ 90 億元，2022 年晶呈的營收為接近 11 億元、EPS6 元，所以若這個數字有參考價值的話，那麼後年二廠滿載，EPS 就有可能落在 15 ～ 18 元間，三廠於 2026 完工、2027 投產、2028 滿載的話，EPS 可能會來到 40 ～ 60 元，老實說，如果是真的，這數字實在驚人。

　　當然，大家都知道這是預期！中間其實仍有非常多的變數，特別是這些數字是以產能滿載的情況預估，過去看到非常多案例，很多公司產能開出來並不如預期，因此能否達到目標，還需要繼續觀察公司未來的發展，我們只能先把這些數字放在筆記本中，並不能照單全收就做估值的計算。

　　另外，我們不能只看到優點，還是要審視可能發生的缺點，一是 2023 年晶呈持續增資，股本將再稀釋一成，在股東結構方面，晶呈上興櫃掛牌後，幾乎是每兩年就現增一次，造成籌碼不夠集中，千張以上的股東只有 3 位，而 1 ～ 5 張的散戶則占了 14.3%，代表經營階層的持股相對較少。

　　總結來說，晶呈因為能在地化供應特殊氣體，相對擁有護城河，這點也從其經營策略可見，幾乎是火力全開的設置新廠，如果能成功當然對這家公司未來的成長，會帶來很大的幫助，但相對的萬一遇到不如預期的時候，加上籌碼不夠集中，有可能會出現比較大的跌幅，至於未來是否能順利繼續成長，其實需要後續更多的追蹤。

03

選股與操作策略的擬定

3-1

學會「倒金字塔選股策略」
長線保護短線，明燈指引方向

在第 2-2 章節提到建立自己的投資清單，這個章節要繼續說明，如何透過選股的策略找到喜歡的公司，並且更進一步擴增你的投資清單，而在選定投資標的後，關於操作策略的思考方向，也會在本章節後段進行說明。

價值投資的兩大選股策略

價值派的投資者常用的主幹型選股策略，不外乎兩種，分別是由上而下（Top-Down）策略，以及由下而上（Bottom-Up）策略，這兩個選股方式我都會使用，彼此並不衝突，差別在於選到不同

倒金字塔思維

由上而下，長線保護短線的倒金字塔思維

總經數據　指引方向

尋找受惠

個別
公司

製圖：陳啟祥

景氣循環或是生命週期位置的公司。

　　先來說明由上而下的選股策略，以倒金字塔思維圖說明，我們可從三個面向切入，分別是總經面、產業面及企業面。

　　先來談談總體經濟面，這個層面能夠討論的議題非常多，有些喜歡尋找個別公司價值的投資人就不愛看總經面，就連巴菲特都

說過：就算聯準會（Fed）主席告訴他未來升息的決策，他也不會改變投資的方向，這當然沒有問題。因為從下而上的策略裡，一間公司未來的營運方式才是分析重點，特別是最上層的總經面預測與解析的難度高，10 個總經學者在看完數據後所得出的結論可能會出現極大差異，那麼一個散戶投資人，又要怎麼去看總經數據呢？

我認為要預測及解讀大型數據的確有難度，就好像以我們現在的能力，實在無法猜到何時要升息、而就業數據又是何時會上升，但可以做到的是，成為數據的追蹤者，特別是總經數據中與產業相關的項目，從內容中都會透露不少訊息，不必預測就光用看的，就大概能知道要發生什麼事情。

總經數據是燈塔指引方向

舉例來說，2021 年 8 月，我去參加某網路節目的錄影時，因為當時注意到美國的新屋開工數據正在成長，而且是經過 2008 年金融海嘯之後，房地產一路慢慢打底，重新站回成長趨勢，且在疫情之後變成先頭部隊，快速拉回成長線之上，所以當時特別提

出來說明，經過 8 個多月，美國的房屋相關數據仍非常強勢，與美國新屋開工相關的產業與公司，也都出現一波漲幅。

另一個案例則是車市的相關數據，其中以美國的汽車庫存數量特別顯眼。從 2021 年初就已經來到相對的歷史低點，而又遇上晶圓代工產能不足而使汽車晶片大缺貨，因此汽車庫存數據跌到歷史新低的水位。這麼低的庫存量，廠商光是要補到正常水位的一半庫存量，就得增加多少新的生產量？即使到了 2023 年，汽車的庫存數據都不高，代表著未來汽車相關產業仍有相當大的發展空間。

這些都是你看圖就知道會發生的事，不需要專業的能力去預測，所以這些較為細項的總經數據，其實就是保護投資的長線指標，短線人心浮動上上下下，可能造成許多波動，但這種廣域數據就像燈塔，你只要向著亮光走，就是正確的方向。

有了長線指引方向的指標後，再來就是產業面的切入，到這邊若你是被動式投資人，其實可以選擇 ETF，美股有許多產業類的 ETF，像是房屋相關、汽車相關的 ETF，都能納入選擇的目標，而

若你想操作個股，那就需要再多花一點時間，以新成屋開工的數據來看，會有哪些產業受惠？蓋新屋需要什麼建材？窗簾、水龍頭、門銷、蓋房子的過程也會用到釘槍、螺絲釘，這些產業能受惠的比例高嗎？台股有這些標的嗎？或是直接買美股呢？這都是投資人可以思考的方向。

而在汽車部分，2023 年初時我看到庫存數據已經非常低，那為什麼廠商不趕快補貨，讓庫存量持續下降，背後是否有特殊的原因，而又是什麼時候會改善？這些就是倒金字塔由上往下的第二層—產業面的思考。此時的思考非常重要，因為會影響你最後的投資選擇，例如看準成屋開工有購床需求，於是買進寢具相關公司的股票，這的確有可能受惠，但比例並不高，因為它屬於民生需求，又有比較明顯的季節性，所以會變成看對數據卻挑錯產業，非常可惜。

因此每一個投資想法，背後都需要詳細的追蹤與分析，這部分不容易做好，但如果你能夠真正做到，就能搶在主流趨勢之前先布局，找到舒適的進場點。

在經過上面兩層的思考之後，最後就要挑戰各別的公司了，請注意總經數據對這家公司的影響評估，有時你看的方向正確，但選到一家和數據關係性不大的公司就很可惜。例如看美國的總經數據，卻選擇一家美國銷貨占營收僅 5 ～ 10%，以歐洲出貨比重較高的公司，如此就有點可惜，而這也是在媒體最常看到的錯誤，抓住一個話題，下面列了一堆概念股，可是仔細檢視，有些只沾到一點邊，影響營收範圍根本不到 5%，這也是看新聞買股票然後套牢的原因之一，所以對於個別公司的分析重點，我認為可以參考下面 3 項重點：

● 重點 1：銷售區域

看美國總經數據，當然要挑美國銷售比例高的公司，或是供應中國零組件，然後賣給美國的公司。

● 重點 2：產能利用率

如果總經數據告訴你的方向正確，那麼手上產能愈多愈大的公司就愈有利，特別是前 1、2 年擴好廠的公司，只要需求如預期，那麼爆發力就會很強大。

● 重點 3：產品組成

　　每間公司的產品組成不同，毛利率也會有差別。舉例來說，茂訊（3213）的獲利來源分成強固型電腦和通路，2021 年的 4、5 月，因為疫情居家上班以及線上學習需求，大幅提升營收，但這部分主要來自通路，通路的毛利率並不高，當時我就預期財報的毛利率應該不會好看，最後公布結果：2021 年 Q2 的毛利率為 20.5%，低於平常的水準，而 2022 年 Q4，茂訊再度出現營收大幅成長的情況，在同年 8 月的法說會提到，因有強固型電腦的訂單注挹，就能預期之後季度的毛利率有機會提升，果然該季的毛利率來到 22.7%，這就是產品組成改變所造成的影響。

　　從上述說明，大家應該可以了解從上而下的選股思維，優缺點與分析的要點，而我認為這個策略還有一個很重要的優點，就是通常有很長的時間可以布局，原因是總經數據要往下反應到個股營收會有時間差，特別是對於需求緩慢累積起來，要到一口氣爆發都需要一段時間醞釀，而這段時間，就是認真投資人的紅利。如果前面說到的內容，能給你一個很舒適的入場點位，而一個好的買點，會增加你持有的信心；如果真的遇到大波段漲幅，你也

會比那些追高的人來得更有餘裕、更能承受波動。

　　當然，每個選股的方式都有風險，沒有百分百完美的策略，只是當你知道總經面帶來的產業面變化，就像是賭 21 點時知道牌池中的人頭牌數目提高，如果相關公司股價也還沒發動，還在低水位，那就會出現一個低風險高報酬的投資機會，而這些都是只有精明的投資人才能看得到的機會。

3-2

由下而上尋找便宜公司
找到好股票不用想得太複雜

　　上一個章節談到選股的方向分成由上而下（Top-Down）策略，相對於由上而下，則是從另一個層面反過來思考，稱為「由下而上」策略（Bottom-Up），將由這一章節來說明。

　　這個策略的基本法則非常簡單，就是以財務數據當成篩選標準，找出有特別表現的公司，優點是選股速度快，因為只要上各大理財相關資訊網站，都能找到許多類似的工具，條件設好並執行，就會看到許多符合條件的公司出現，不過我們並非直接就以此結果當成操作買賣的依據，還是要一家一家公司做確認，了解其實際的業務和獲利模式，也就是所謂的質化分析。以下提供 3

個常見指標給大家參考：

指標 1：本益比 (Price-to-Earning Ratio，簡稱為 PE)

> **本益比公式：股價 / 每股盈餘（Earnings per share，EPS）**

　　本益比是最基礎的財務數據，其意義也非常簡單，就是以這家公司過去的獲利當成分母，股價當成分子所得到的結果。若某家公司去年賺一元，也就是 EPS 1 元，現在股價 10 元，那麼本益比就是 10 倍，你可以將本益比當成這筆投資需要多久時間才能完全回收，本益比 10 倍就是需要 10 年的意思，以一個投資者來說，當然是本益比愈低愈好。

指標 2：股價淨值比（Price-Book Ratio，簡稱 PB）

> **股價淨值比公式：股價 / 淨值**

　　淨值是變動的數字，在每季公布的財報中都會列出，該公司經

過會計原則所計算出來的帳面價格。台股市場中，一家公司在最初募資時的票面價格是 10 元，所以淨值從 10 元開始出發，經過了幾年的經營後，通常賺錢的公司淨值會增加，所以淨值「基本上」會反應出這家公司現在的價值，這時如果把股價除以淨值，所得到的數字就叫做「股價淨值比」，有點類似成本價的概念，所以如果你買進的股價愈接近成本價通常就愈划算，所以股價淨值比愈低的公司，就表示有機會買到便宜貨。

指標 3：股東權益報酬率（Return On Equity，簡稱 ROE）

股價淨值比公式：稅後淨利 / 股東權益

簡單的計算方式是將稅後純益除以股東權益，感覺上和 EPS 的觀念類似，不過因為分母是股東權益，所以能用愈小的股東權益創造出愈大的利潤，那麼數值就會愈大，如何用有限的資源創造最大的收益呢？ROE 可以用著名的杜邦公式來拆解，分為淨利率×資產週轉率×權益乘數，所以經營者若想要提升 ROE，就要拉高這 3 個數值，其中最快的方式是第 3 項的權益乘數，也就是

營運槓桿，透過借貸增加營運資金，1 塊錢做 10 塊錢的生意，當然 ROE 就有機會衝高，但這背後也代表著風險的增加，因此還是回歸本段落最前面的初衷，投資不能只單看某一個數據或是指標就進行決策，要能真正理解公司如何運作。

上面 3 個簡單又常見的指標是我愛用且常用的指標，如果你對這 3 個財務數值不熟悉，建議可以先上網搜尋相關說明，或是研讀一些專門解釋財報的理財書籍，在實際使用時可以搭配，例如設定本益低於 12、股價淨值比低於 1.5 以及 ROE 高於 10%……等，就能找到有望名單。

也許你會說這樣是不是太簡單了？感覺沒什麼重大技巧，其實大道至簡，有時不必想太多，簡單也能找到有趣的公司，因為這只是篩選，重點其實是後面如何去分析，並做追蹤與推測，才是投資獲利的關鍵。而這樣由下而上的選股法當然有缺點，就是公司的競爭力無法單純從財務數據得知，所以要和前面提到的由上而下選股法併用，選股從來都不是目的，只是方式，要達到真正的目的，也就是投資獲利，其實需要更多的分析，這個部分就讓我們慢慢往下說明。

3-3

左側交易法則

在恐懼中學會貪婪

在了解選股法則、建立自己的投資清單，並對該公司做完相關研究之後，接著就是擬定自己的交易策略。一般來說，交易的時機點分成兩大類，分別為「左側交易」及「右側交易」，打開股價走勢，如果以下跌的最低點為劃分依據，在左邊下跌的過程進場稱為「左側交易」，在右邊走完谷底開始回升時進場則稱為「右側交易」，這兩種交易方法是完全不同的思考邏輯和交易法則。

單純看圖你一定會認為，當然是左側交易比較好，能買便宜的股價為什麼要去買貴的？但是，這都事後回看才知道高低價，很多時候在當下是無法判斷股價是否在谷底，有可能你覺得已經

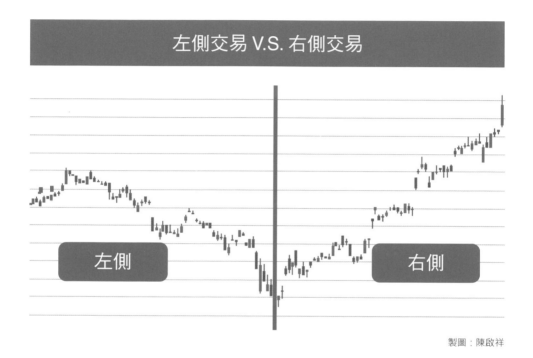

左側交易 V.S. 右側交易

左側

右側

製圖：陳啟祥

跌得夠深了，梭哈本金後仍繼續下跌，跌 50% 之後還是有可能再跌
50%，像這種時刻，市場的情緒根本無法捉摸，甚至連自己的情緒
可能也沒有想像中容易控制。有聽過不少投資人原先做足了功課，
抓出一個自認為非常漂亮的價格，但是當實際來到此價位時，面對
下跌的恐慌而不敢進場，或是進場了但股價仍持續探底，最終失去
信心而停損在底部區間，這些都是左側交易所要面對的心理關卡。

　　那麼應該如何克服呢？首先一定要學會「估值」，因為估值能幫助投資人做出判斷一家公司合理價值的參考依據，而要能作為評估標準，前提就是該數據一定要具備可信賴度，當然我們不是追求百分之百精準，而是只要能掌握大概的區間範圍，就有非常大的參考價值了。關於估值的推斷，我們在後面第四章會有詳細的說明，當你心中有了這樣一個數值，就會對於在操作心態上的穩定有非常大的幫助。

　　當然我們也知道，不是估出來的數字，市場就一定會遵守，在多次的金融風暴時期，你會發現當人心出現恐慌時，根本不會在意任何價值，大多數人只想拿回現金，的確有可能出現股價跌破你推測的價格，因為情緒是最難預測的部分，因此我認為左側交易有 3 個策略可以採用：

策略 1：分批買進

　　我們不求買在市場的最低點，只要能做到買在相對低的區間，其實都有相當程度的獲利機會，分批買進以分散風險，

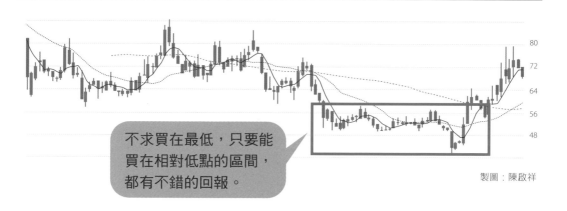

分批買進，買在相對低點

不求買在最低，只要能買在相對低點的區間，都有不錯的回報。

製圖：陳啟祥

策略 2：長期持有

　　如同前面所提的內容，市場情緒難以估算，所以當你買到便宜價格時，我們也無從評估何時市場會還給這家公司合理的公道價格，因此拉長投資週期，除了能享受股價上漲的空間外，還有配息可領，長線累積的報酬率也會相當不錯。

策略 3：安全邊界

　　我們常聽到投資要追求安全邊界，因此當你估出來的價格，或

許再保守一點，打個八折當成第一個入手點位也是不錯的思考方向。當你保有愈長的安全邊界，就能爭取到更多獲利的空間，但是相對的，也有可能會買不到股票，所以如何在安全與抓住獲利機會之中找到平衡，都是投資者重要的思考課題。

左側投資因為是逆著市場情緒進行操作，因此投資人常常要試著反向思考，例如你看到新聞報導某公司獲利大幅衰退，這時你要想的是：他們是不是快要來到退無可退的地步；或是某公司獲利創新高，是否也有可能代表他們即將到達頂峰？這些都是投資人要思考的問題。我認為世界上沒有什麼萬無一失的投資法，不過可以利用許多資訊幫助自己站在更有利的位置，去追蹤獲利，成功總是留給願意花時間認真去追尋機會的人。

麗豐 -KY 表現與中國景氣連動

以麗豐 -KY（4137）為例，觀察到中國在疫情之後的經濟發展並不順利，因此也讓許多以中國為主要經營地區的公司出現衰退，那麼就能試著從現在處在左側的公司裏，去發掘可能的投資機會，像是從事美容護膚相關服務的麗豐 -KY，自身擁有研發、製造、

行銷及通路的能力，從上游到下游都有能一條龍作業的公司，旗下擁有的品牌包括克麗緹娜、雅樸麗德、RnD、新美力等，主力仍是克麗緹娜，目前連鎖加盟店家數在 2023 年 Q1 約 5,000 家（中國約 4,800、台灣 200、越南 21 家），這是最重要的營收來源，占了約 95% 的營業額。

　　克麗緹娜的營運方式，其實就是直銷模式，會有這麼多加盟店家數，我想應該與計算方式有關，從克麗緹娜台灣官網中，可見約 200 家的專門店，但仔細研究可以發現，大多數的店家都是非常小型的店家，甚至看起來就像是普通住家而已，只有掛「花嬉美研中心」招牌才是大型頂級旗艦店，其他的就是類似個人小型工作室的經營方式，簽約加盟經過業主受訓後，向公司進貨經營，也推下線加入，再加上自行生產製造，一條龍的經營可以看到其毛利率超過 80%。

　　其實，生技業或是藥業的毛利率都是如此，主因是會計原則的認定，藥品、保養品的生產過程單只算原料的話真的很便宜，幾項化合物、油、水，攪一攪就變成產品，但其實這類公司的成本比較大的開支會反應在營業成本，因為工廠的法規要求、生產環

境的維護等，這些才是生技廠的重要支出，而直銷業需要大量的推銷費用，所以營業費用占營收約 50%，這是合理的比例。

當然，麗豐的營業主體在中國，而中國對傳直銷有非常嚴格的規定，麗豐很早就進入中國市場經營，算是卡位很早的台商企業，也通過比較長時間的檢驗才能夠存活下來，代表成功建立一定的商業模式，長期經營打下不錯的基礎。

就營收面來看，以民生產業來說，麗豐的營收並不算是十分穩定，2013 年掛牌時約 27 億元，之後的 6 年在 30 ～ 45 億元區間遊走，不過掛牌後還能成長的公司個人會給予正面看法，因為有太多公司掛牌即高點，不論是營收還是股價。麗豐在 2019 年和 2021 年衝上 50 億元營收大關（見右圖），而會出現如此的波動，明顯與中國景氣連動，2015 年是上一波中國景氣的高點之後衰退，2018、2019 年則有復甦，而麗豐在此時將營收衝向新高的確不容易，也可以看到麗豐長期在地經營的成果。我認為以麗豐的經營績效來看，未來是有可能出現每一次小循環後營收就會再創新高，因為以護膚產業來看，需求會隨著年齡上升，而中國人口結構正在改變，老齡化的趨勢非常明顯，這對其他產業可能會是負面影

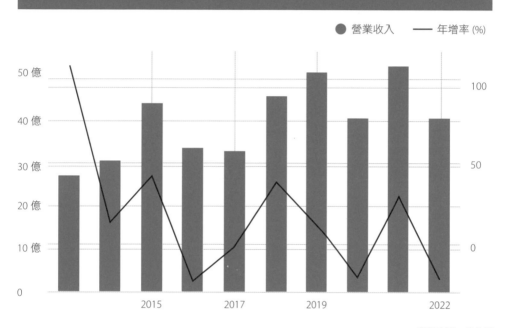

資料來源：優分析

響，但對美容護膚業來說，反而會是正面效應，不但客群人數上升，單次消費價格也會拉高。

而麗豐每年都會從中國政府取得補助款，約新台幣一億元，但相對的當麗豐要把獲利金額從中國匯出時，就會被扣約 25% 的稅

金，所以會看到麗豐的稅額很高，稅後淨利被吃掉四成左右，就是這個原因。不過如果是從季表的角度看就會不一樣，因為補助款通常會在 Q1 實現，而如果當期沒有匯回的動作，就不會被收取大額的稅金，所以用季的角度來看波動會比較大。

我比較喜歡從年的角度來尋找獲利，另外匯兌損益則影響獲利約一成左右，但好像並非完全與人民幣對台幣的匯率連動，可能與在當地營運狀況及匯出時間點的匯率有關。目前以這幾年麗豐營收的低點 40 億元左右畫個水平線，正常來說 40 億元換下來約可以達到 EPS 12 元左右，不過如果溢收來到 50 億元的話，EPS 就有機會在 15 ～ 18 元區間了。以過往經驗來看，麗豐在中國景氣擴張的階段，市場會給比較高的本益比，因此未來如果中國能有一波景氣回溫的表現，麗豐年營收就可以期待回到 50 億元。

中國美妝護膚行業規模每年有 9% ～ 10% 的增長速度，當然這是整體產業的預估增長，可能無法直接套用在麗豐的成長數，我認為取中間值 5% 應該是合理的推估。依先前法說會的資料顯示，2013 年麗豐店數是 3,200 家，而 2023 年年底預估 5,000 家，10 年來增長了 56%，算一算年化報酬率 5% 的確是合理的數字，

但我認為這是低標，因為期間卡了疫情，有一半的時間都浪費掉了。因此，如果用這個數據推估 5 年後的數據，2027 年麗豐的店數應該有機會擴展 20%，來到 6,000 家店的等級。

新店數目的設立將會帶來營收成長，5,000 家店目前營收的頂點約 53 億元，合理推測 6,000 家店則有機會達到約 65 億元，那麼未來 EPS 則有可能會在 20 ～ 25 元之間，本益比也有機會隨著放大。經過計算其實會發現麗豐將來的發展性相當不錯，再加上 2022 年產線的產能利用率只有四成，因此產量能滿足未來幾年的發展需求，不用再投入更多的資本支出。

當然，麗豐比較大的問題仍是股票名稱上的 KY，台股對於 KY 公司比較保守，不過基於以下幾點，我認為麗豐不是地雷公司，首先是營收範圍夠廣，不是集中在少數省份，覆蓋的區域廣泛，特別是已發展的地區，例如北京、上海、廣州都有布局多家店數，都會區的發展應該是麗豐的重點目標之一。

再來就是帳上現金加定存單就有約 58 億元，簡直是一隻超級現金牛，主因就是直銷業是先收錢的行業，其實很多人加入直銷

並不是為了做生意，而是加入成為下線後，可以用內部價格拿貨，但相對的就要先投資大量的貨才能有會員價格，因此麗豐在應收帳款部分非常少，因此要扛的風險就相對低，個人覺得最大的風險會是錢卡在中國匯出不易的部分，但這算是政治風險了，我認為發生的機率相對較小。

總結來說，我覺得麗豐所處於的環境各有優劣勢，中國因人口老化問題，長期來說對經濟發展不利，但短期來說的確有機會退無可退，再加上老化問題反而讓麗豐有更多的消費客群，這部分非常樂觀，未來如果展店數如同我們的估算，那獲利就有機會重回成長軌道，個人認為這是一個不錯的左側交易思考。

3-4

右側交易法則
買在基本面轉折之處

　　談完左側交易法則，接著來說明右側交易法則。右側交易法的特色與左側交易法相反，並不會在下跌的過程中尋找進場點，而是要等到價格不再下跌，或是出現打底後，走勢回穩甚至開始上漲時才進場，這是一個在觀念和思考方向上和左側截然不同的交易策略。

　　很多人會出現誤解，認為右側交易法偏向技術分析，因為就進場的位置來看，的確像技術分析常用的當價格出現突破時追價買進，但在思考方式完全不同，價值投資者是以基本面做為資訊處理的原則，右側交易和左側交易最大的不同，就在於基本面的改變。

　　舉例來說，如果有一家追蹤的公司營收衰退一段時間，但在產

業面或是法說會上看到轉折的機會，此時不論股價有沒有反應，都能算是右側交易，因為在此一情況下，公司所面對的經營風險已經變小，不過當然所要付出的代價，就是無法買到相對便宜的價格，不過這也不是絕對，有時仍然有公司經營面已經出現轉機，但股價沒有反應的情況，就會是相當不錯的投資機會。而我們在思考右側交易的投資策略時，需要特別注意以下 4 個重點：

重點 1：好消息來的快也去的快

有些公司在傳出好消息之後，後繼無力就又再度出現衰退，這種情況其實很常遇到，我認為有幾個方法可以參考以避開，例如從產業面看整體產業的變化，如果該產業仍有不小的問題，那麼單一公司要突破重圍、走向成長的機率相對較低，另外該公司的產業位置也非常重要，高市占率的龍頭公司領先其他公司受惠產業轉折，相對機會比較高。

重點 2：尋找催化劑

催化劑常在股價發動上扮演重要的角色，如果在右側投資時，

能找到可能伴隨的催化劑，對於股價繼續發展將有不小的幫助，像是增資、發行的可轉換公司債（CB）合約快到期，此時市場對於價格會有一定程度的錨定效應，另外的催化劑還包含新產線、新產品問世、有機會搭上新話題、業外獲利進帳，包括出售資產或是官司保險理賠金等。

重點 3：追高的心理壓力

右側進場一定會錯過低點，而萬一又遇上回檔時，其實心理壓力就會油然而生，有時會造成投資人承受不住，而修改自己的看法與進出場計畫，這是必然會面對的狀況，因此採取右側交易的人，一定要先想好自己是否適合在強大壓力之下操作。

重點 4：進出場的磨合成本

走右側交易雖然感覺在資金利用效益上比較高，但其實有時會遇到進場原因反覆消失的情況，此時如果你增加進出場的次數，那麼所產生的磨合成本（交易費用及滑價）都會侵蝕掉你的本金，因此即使要使用右側交易策略，也要盡量減少進出場的次數。

　　其實不論是選擇左側交易或是右側交易，都沒有不敗的絕對性策略，而這種交易方式就是呈現一個互補型的對立觀念，使用的時機就完全依照你的研究結果去訂定策略，而我其實兩種方式都會採用，舉例來說，如果今天想投資的公司屬於在產業中，具有領先性、獨占性的公司，因為大環境不佳或是產業面循環而使該公司股價在谷底區，這樣的公司財務體質健全、公司營運上有護城河提供下檔保護，其實就非常適合左側交易。

　　而右側交易我則是會選在某些產業出現全面性的翻轉變化，除了龍頭廠之外，也帶動後面中小型廠或是原本營運比較沒起色的公司，因為在風口上豬也會飛，而便宜落後的公司其實有機會衝出更高的漲幅，只是這樣的投資機會，我並不會重押，只會用相對比較小部位的資金操作。

　　簡單的說，策略都是死的，怎麼活用才最適合自己的投資方式，這些是每位投資人都要思考的問題，而且只要能繼續追蹤並設定好自己的進出方向，就能降低操作上的風險。

3-5

交易策略的關鍵「支撐點」
撐不住就要改變方向

　　前面章節談論許多關於策略的思考，而回過頭來想，我們如何對自己的策略產生信心？這一股信心必須能陪伴我們度過漫長的持有週期，在這之中會出現許多波動，可能會來自於市場耳語或是大環境利空消息……，所以我在擬定策略之後，都會再次思考這次投資機會的支撐點，到底什麼是「支撐點」？

　　其實在進行分析股票時，關於這次的交易，你一定會在心中產生一個基本概念，這個概念就是整個投資架構的最大支撐點，從這個支撐點再延伸出其他投資的優缺點分析，提供以下兩點的思考方向：

方向 1：投資的期望值

透過這檔股票的研究，你應該能約略算出這家公司未來可能的估值，如此就能得出可能的獲利幅度，對比風險可能發生的原因，就會出現期望值。以我來說，如果要做一年期以上的中長期投資，都會希望找到 50% 以上的可能獲利幅度，如此的報酬程度才值得花時間研究、分析與追蹤。

方向 2：進出場的策略

同樣的也是基於自身研究，你能了解策略所要思考的中心因素，這是最重要的環節，因為一旦你的中心因素受到影響，就有可能代表這次投資的成功因子減少了，相反的，若往你預期的方向走，那麼後續的操作是什麼？何時加、減碼？何時要退場？關於估值與進出場策略思考，後面兩個章節會有更詳細的討論。

以 2023 年 7 月，節錄訂閱平台文章中的原相（3227）為例，原相是一間 IC 設計公司，主要產品為影像感測器相關晶片，這幾年的產品應用如下圖：

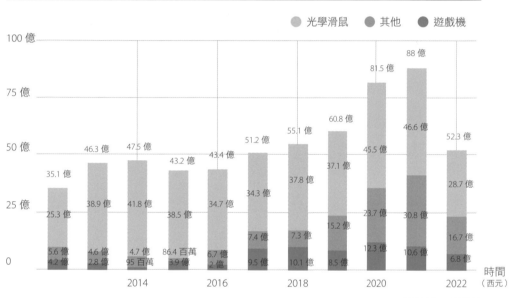

原相（3227）各項產品營收金額

光學滑鼠　其他　遊戲機

資料來源：優分析

可以看到最大宗的應用是在光學滑鼠，原相在 2011 年向安華科技，也就是現在的博通購買專利授權，並接收微軟、羅技等大客戶，因為專利保護，所以原相目前占全球光學滑鼠近八成的市占率。

　　而光學滑鼠最大宗的使用來自於電腦，因此可以看到 2020、2021 年原相的光學滑鼠營收衝高約兩成，當然伴隨而來的就是 2022 年的衰退，一口氣跌到 2012 年的水準。雖然近年來 PC 產業因替代產品增加而處在衰退期，但原相「正常」來說，光學滑鼠的年營收應該能維持在 35 ～ 37 億元的水準，不過光學滑鼠雖有專利保護，但這項產品每年的需求性固定，因此我們要討論的是另外兩條產品線的潛在機會。

　　首先是被歸納在其他類的產品，包含藍芽耳機、掃地機械人、安全防護相關產品、智慧照護等產品，但沒有一項超過 10%，我們以比重較高的安全防護和光學追蹤感測晶片（OTS）來看，安全防護在 2022 年需求出現成長，這可能也是讓 2022 年其他產品項營收仍高於 2019 年的原因之一。2023 年的需求大致持平，未來在美中禁令仍然存在的情況之下，這類產品的需求仍有機會持續成長，OTS 的部分也是，未來市場將會慢慢打開，但對原相來說，仍要努力開拓新市場才有機會。

練習從各個面向思考

　　我認為短期來說，原相的機會在遊戲機，遊戲機相關產品的占比其實並不高。2017 年 3 月任天堂 Switch 上市，原相是其中控制器 Joy-Con 的感測晶片供應商，因為是全新的產品線，使得原相在遊戲機的營收從 2016 年的 2 億元，一口氣上升至 2017 年的 9.5 億元，而這顆晶片的毛利率也高於滑鼠的毛利率，因此帶動原相的毛利率向上提升。

　　而隨著 Switch 的持續銷售，原相在這塊的營收維持在約 8.5 ～ 10 億元區間，但 2022 年的營收則掉到 6.8 億元，以日前任天堂公布 2022 年（統計期間為 2022.4 ～ 2023.3）的財報數據顯示，Switch 因主要通訊晶片和 PMIC 缺料，導致降低主機的生產量，使得統計期間 Switch 的銷售量下降約 20%，當然連帶的影響原相的獲利表現，不過其實在 2023 年 Q1 已經解除這個危機，在 2023 年的法說會中，原相提到 Q1 的產品組成分別為：滑鼠 51%、其他 26% 及遊戲機 23%，遊戲機的比例明顯仍高於過往平均。

　　最重要的也是這次的投資發想，先前有一則新聞提到，目前

原相已經在為一家日系遊戲廠商準備明年初將推出的新主機，基本上這家廠商指的就是任天堂。任天堂上一代主機 Wii U 是在 2012.11 月發售，隔了 5 年到 2017 年 3 月推出 Switch，以這個時間軸來看，新主機是 Switch 下一代主機的機率很高，而我們都知道，任天堂在遊戲的發展向來與 PS/Xbox 不同，他們不太追求畫面的表現，而著重在更創新的遊戲體驗。

其實原相的體感晶片從 Wii 時代就開始供應，但當時不是獨家且晶片功能簡單，因此對營收和毛利的影響不大，但進入 Switch 時代就不同了，成為一個重要的產品線，新的主機會不會提供更多樣的體感表現？如果是的話，那麼也許晶片的規格和單價都會有所不同。

所以我們就可以來思考策略，在原相的那則新聞報導出來後，市場開始找尋可能的時間點，最大的共識落在 2024 年 Q3，如果以這個時間點為基準，那開始大量備貨期就會是在 2024 年的 Q1，而新主機推出後，舊主機其實也不會馬上就沒人買，反而因為降價加上促銷活動，會有最後一波的購買潮，因此遊戲機對於原相在 2024 年的營運，應該是有相當的正面助益。

　　從以上說明來看，這次投資的發想就在於新的遊戲主機，原相帶來的正面效應有機會引發市場的情緒反應，進而拉高本益比，所以從這個出發點來說，後續要思考的是，原相一直以來都是任天堂遊戲機的光學晶片獨家供應商，這是牢不可破的嗎？會不會出現第二家供應商？如果沒有的話，那麼任天堂的新主機會延後推出嗎？會對出貨的日期造成影響嗎？多面向的思考有助於策略的擬定。

　　我想從原相案例的說明中，已經非常清楚的知道這次投資策略的發想與中心支撐點了，其實投資就是如此，一步一步的假設與推論，並且持續的追蹤，就像疊積木一樣，一點一點的往上疊，獲利就會在前方等著你。

04

「股票估值」
如何計算？

4-1

你會為股票估值嗎？

推估並沒有想像中困難

　　說到價值投資的核心，我認為除了投資心態外，最重要的能力就是估值了。「估值」是對於公司價值的計算與推估的一種方法學，可以算出一間公司未來潛在的價格或是區間，當有一個較為明確的數字之後，在投資人的心中就像有一個無形的秤，可以隨時和市場給的價格進行比對，了解現在股價是高估還是低估，並依此情況做出適當的投資決策。

　　其實「估值」並不限於股票市場，而是更廣泛的應用在日常生活，舉例來說，假設最近有颱風消息發布，到市場買菜時，就可以看到葉菜類的價格可能上漲，但考量到未來一週可能買不到便

宜的葉菜類，或許現在的價格還算可以接受？！或是平常你愛用的某一款隱型眼鏡、洗髮精、化妝水，甚至是觀望許久的 3C 產品，當逛街或是網路商城看到破盤特價時，你的中心一定也啟動某些程序，去計算眼前的價格是否真的划算，這個過程其實就是估值的一種型式。所以，估值並沒有想像中的困難，因為這就是身處在資本主義社會的每個人，每天都會遇到的日常反應之一。

那麼應該如何著手進行估值呢？其實有簡單也有複雜的方式，投資學的教科書有很多說明，但有許多新手投資人看完後仍「霧煞煞」，所以我就用個人獨斷的方式，簡單說明估值的幾種方式，並且分享我最常使用的估值法。

現金流折現估值法

一般來說，我們會認為一家公司的價值，可以等於其在續存期間，所創造的現金流總和加上殘餘資產清算，但這筆現金並不是在短時間內就會出現，而是透過一年又一年的營收而賺進來，所以在估值時要加入折現的修正。

　　因為未來的錢和目前在你手上可以運用的錢，是不一樣的價值，這跟借錢的概念非常相像。舉例來說，如果有朋友向你借 100 萬元，約定 10 年後償還，如果單純以年利率 2% 計算，扣除第一年大約要返還 118 萬元，反過來講也就是 10 年後的 118 萬元，現在是 100 萬元的價值，這就是折現的思考邏輯。而清算價值就是這家公司假如結束營業，將像是土地、廠房、部分尚可使用的設備等資產全數賣掉，所計算出來的就是清算價值，把折現後的現金流加上清算價值，就能約略計算出這家公司的現值了。

　　舉例來說，如果 A 公司假設能生存 20 年，然後在這段期間，每年能賺 5 元，而且在 20 年後公司進行清算，剩下的土地、廠房、機械設備等資產，大概可以賣 20 元，現在以現金折現的概念來計算，今年賺的 5 元就是 5 元，接著明年賺進來的 5 元，同樣以一年 2% 的利率計算折現，計算結果是 0.1 元，也就是說明年的 5 元現在值 4.9 元，後年的 5 元折現後就是 4.8 元，以此類推。補充說明，折現的計算通常都是使用複利，不過算起來比較麻煩複雜，因此解釋觀念時，我透過比較單純的單利做為說明，讓大家比較容易理解。

折現計算試試看

以文中 A 公司為例，我們計算出每年的折現數字，最後一筆 20 年後賺的 5 元折現為 3.1 元，把所有數字全部加總之後，再加上清算後的殘餘價值 20 元，就可以得到一個數字 101，寫起來就像如下公式：

(5 + 4.9 + 4.8 + 4.7 + 4.6 + 4.5 + 4.4 + 4.3 + 4.2 + 4.1 + 4.0 + 3.9 + 3.8 +3.7 +3.6 + 3.5 + 3.4 + 3.3 + 3.2 + 3.1) + 20 = 81+20 = 101

那麼，我們就能說，這家公司現在的價值約等於這個計算出來的 101 元。

不過現實世界並不如想像中的美好，我們回頭來看這個計算，首先當然不知道公司能存活多久，就像我們也不知道一個人能活多久一樣，可能 20 年，也可能 5 年後就登出人生。然後也不會知道一家公司每年能有多少盈餘，有可能今年 5 元，明年變 1 元，後年甚至賠 3 元，我們更無法估算 20 年後公司清算後的殘值。最

後，折現率是跟著央行利率變動，但其實無法得知每年的折現率，因為央行可能會彈性調整貨幣政策，未來可能會大於也可能會低於 2%。

● 不確定性是金融市場的日常

寫到這邊，我想應該有人想罵我在「裝孝維」了，講了一個漂亮的公式，但公式上的每個數字都是可能、可能、可能，那我們到底要用這個公式去分析什麼？其實這就點出每一個投資人都會遇到的問題，就是所謂的「不確定性」。雖然這些數值無法確定，不過在思考的過程中，仍可以指引出分析的方向，因為這些影響數據計算結果的變因，也都是影響股價的因子，讓我們可以逐步思考。

一家公司的存續時間，如果是正常發展中的公司，可能 10 年內都還不必擔心，所以存續時間對股價的影響就不大，但如果是一家已經出現產品銷售問題，正在尋求轉型的公司，那股價就會有大幅變化；每年能賺多少錢也是如此，當一家公司明後年的獲利有可能出現變化時，例如今年賺 5 元，但現在已經看到產品報

價下跌、需求減少，明年可能賺不到 3 元，這時股價就會開始出現變化。最後一個利率的部分，央行開始調高利率，代表市場要求的折現率也會提高，一樣的 5 元如果折現率調到 5% 的話，那第一年的現折數字就不是 4.9 元，而會只有 4.76 元，所以拉高利率就會影響股價向下修正。

所以也因為有許多變因存在，公司的未來才會充滿不確定性，進而影響股價的波動，如果像上述範例，所有的條件都是已知，那最終價格就會受限，交易量也會減少許多，就不會有超額的利潤存在。因此這些影響股價上下起伏的因素，其實對於認真的投資人來說非常有利，因為當市場上愈少人去思考這些變因，那你的勝率自然就會愈高，只要能把握這些因素的分析方向，你就能提早掌握未來的方向，趨吉避凶，提高投資績效，下個章節我們繼續討論另一個估值方法。

4-2

常用的本益比評估法

從變化中抓出大致方向

　　接續上一個章節的說明，除了用現金流折現法進行估值之外，還有另一個我也愛用的方式，就是大家時常聽到的「本益比評估法」。現金流折現法因為變數較多，比較適合用來看環境變動因子較小的產業，可能當成是一種下檔的保護評估，例如大型金融業、公共事業公司（電信、瓦斯），在發生股災時撿便宜進場，長期持續都會有相當不錯的報酬。

　　不過這樣的股票比較不適用在快速變化的產業，像是占台股七成市占率的電子股，電子股受景氣影響較大，加上不斷推出新技術，因此三不五時就有新產品問世，當然也會有舊產品走入歷史，

所以面對這類型的產業時，我不太建議看太長遠，因為即便是專業人士，恐怕也無法看到 5 年後電子業的發展，所以我們以較短的週期來進行估值。

●「未來股價」—— 從本益比與獲利變化推估

本益比是很常聽到的投資數據，簡單來說就是把股價除以每股獲利金額，例如股價 10 元的公司，如果每年 EPS 賺 1 元，本益比就是 10 倍，這個數字代表的意義是，這一筆投資要回收需要花多少年的時間，10 倍就是 10 年。看到這邊也許大家會有疑惑，10 年回收一筆投資真的有點久，如果是一般人創業做生意，期望目標都是希望能 3 ～ 5 年能回本，投資股票要 10 年才回本，是不是太久了？

其實，這就牽涉到風險的問題，因為在股票市場買進的公司，基本上都已經有經營規模，在一定程度上會保護你的本金，但創業就不同了，花個 3、5 百萬開一家咖啡廳，如果位置不好、經營不善，5 年後倒閉就只剩清算價值，相反的在股票市場要發生這樣的事機率較低，不過你一定也會想問，如果本益比 10 倍合理，那

為什麼股市還有 20 倍、30 倍甚至上百倍本益比的公司？因為股市是一個交易平台，反應整體市場參與者對於一家公司的評價，如果一家公司用去年的獲利當成標準來計算，可能就會出現 20、30 倍本益比的情況，但如果用今年、明年甚至後年的獲利來計算，本益比可能就會降低，本益比計算的公式如下：

本益比（PE）＝股價／獲利（EPS）

將等式做個轉換，就能改寫成：

股價＝獲利（EPS）X 本益比（PE）

也就是說，如果要評估一間公司未來的股價，就要從兩個方面著手，一個是本益比的變化，另一個則是獲利的變化。我們先來談談獲利的變化，因為本益比的變化往往與獲利變化有關。

一間公司未來的獲利如何評估？這當然是一個大哉問，其實也是本書裏各個章節都會討論到部分，這邊先用一個比較統整的概念說明，可以從以下幾點進行思考：

● 深入研究產業現況

　　不同產業有各自的特性和循環性，因此在分析了解一家公司前，請務必要先了解產業，穩定賺取現金的民生產業，和需求受景氣循環影響極大的原物料產業，在分析時會有不同角度，即便是台股最多的電子業，也有許多次產業，例如與消費性產業相關性高的公司（手機、NB），或是與產業設備關連性較高的公司（工業電腦、製程設備廠），可以先閱讀該公司的年報，其中會有對產業方向的說明與該公司在產業鏈上的位置，這是很好的參考資料。

● 觀察公司近期表現

　　每家公司都有生命週期，可以觀察近 5 年～ 8 年的營收和獲利變化，就能掌握到這間公司目前的生命週期，是在成長期、穩定期或是衰退期？然後試著去探究原因，包括成長的理由、保持穩定獲利的因素、或是受到挑戰而出現衰退等，再從理由中去判斷持續性。另外也可以觀察近 12 個月的營收變化，是呈現衰退或成長，若能分析衰退的原因，在接下來的 12 個月中，或許就有機會受惠營收低基期而出現成長，帶動市場的評估。

● 產業受惠於法規變化

有一些產業會受到法規的保護或是修改而產生變化，像是瓦斯業、電信業就有法規保護，而近年來因電動車需求增加，相關法規改變，也讓整體產業受惠不少。另外車用警示系統也是，不論國內外對於用路人的安全保障法規，也是日趨嚴格，這都是法律變化而推動產業發展的案例。

● 分析毛利率、營業利率表現

原物料成本、產品組成、產品售價、折舊數字等因素，都會影響一家公司的毛利率及營業利率表現，當然從一個外部股東要能計算出來這些數字的難度很高，不過仍可試著分析毛利率的變化，從觀察近幾季以來的變化，就能先掌握趨勢是向上、持平或是向下，然後試著找出原因，例如產品組成的變化帶來毛利率向上，那麼高毛利的產品銷售是否能夠繼續成長？這就是我們要去尋找的答案。

以 2022 年 8 月寫在訂閱平台的文章節錄的精測（6510）為例。這家公司原先是中華電信研究所裏的 PCB 團隊，當年因擁有良好

的 PCB 板製作技術，能做出比其他同業更多層數的 PCB 板，所以中華電信就此鼓勵此一團隊出來創業。

在 2005 年成立中華精測公司，先期以開發高速傳輸的 PCB 板為主，後來轉往測試板，並在 2016 年掛牌上櫃，目前精測的技術水準仍領先同業，可以做到層數 100 以上的載板，並且在鑽孔的縱橫比能達到 50 以上，層數愈多的板子能夠做到愈高速的傳輸，而縱橫比愈大則代表能鑽出更細小的孔徑，這些都是精測超前同業的領先技術。

精測從 2016 年開始自製探針，其實這也是台灣每一家測試卡公司都在前進的方向，自製提針除了能降低生產成本外，更重要的原因在於客製化，因為每一個受測的晶圓或是 IC 的尺寸不同、功能需求與電路走向，大多數都要和客戶一同開發，不用開發的標準板其實封測廠就可以做，但反應在產品的毛利就非常低，都不是目前上櫃公司想要發展的市場，也只有客製化才能衝高產品單價進而帶來獲利。

目前精測除了能自製探針外，還能做到更高規的 MEMS 探針

卡，這種微機電的探針卡，可以混合不同型態、長短的探針，利用微機電調整接觸力道與間距，適合用於台積電的先進製程產品，因為先進製程開始將各種不同功能的晶片進行堆疊，變成立體結構，所以需要 MEMS 探針卡才能抓到適合的測試條件。精測的MEMS 探針卡於 2022 年 Q2 開始量產，對於精測來說，產品線從後段 IC 檢測移往前段晶圓（Wafer）檢測是正向發展，因為晶圓檢測才是高毛利、能增加獲利的產品。以上是精測的產業背景，接下來要談到影響產品毛利的關鍵要素。

● 短期毛利率下跌不見得是壞事

近期觀察到精測的毛利率不如以往，這是因為在探針開發的過程中，將開發經驗包括材料調整、探針密度、訊號傳輸等參數累積之後，建立一個自有的 AI 平台協助客戶開發，更重要的可以導入自動化組裝，減少人力需求，這部分在未來台積電先進製程應用愈來愈多之後，以加快產品的開發，對未來搶單能更有競爭力。這也是近期從精測的財報中發現，研發支出持續增加，這些成本花費就是為了搶先卡位未來先進製程產品的測試卡，所以我可以能接受短期毛利下跌。

　　根據研究報告統計指出，目前全球探針卡的市場規模，2021年預估為 26 億美元，新台幣合計約 780 億元，年成長率約 6%～10%。精測 2021 年營收新台幣 42 億元，全球市占排名第九，台灣是主要出貨地，但客戶則包括中國和美國的公司，出貨在台灣主要因為在台積電生產完之後就要馬上進行測試，合格品才能運送到客戶端。如同前面所提到，台灣測試卡公司目前都朝自製探針的方向前進，而現階段自製率最高的公司還是非精測莫屬，而且除了探針之外，載板也是自製，因此客製能力非常強。

● 善用技巧提升估算的可能性

　　以精測的產能利用率來看，2019 年擴增第二廠之後，新增加的產能到現在都沒有填滿，根據年報內容，2021 年的產能利用率只有一半，也就是說精測還有相當多的產能可以提供未來使用。而在 2022 年 7 月 28 日的法說會上，精測說明即將進行第三廠擴廠計劃，預計 2025 年上線，新增產能的部分尚未有資料，我先以地板面積進行非常初淺的推估，新廠的生產區預計有 5,250 坪，而現有的生產區約 15,000 坪，以此推算大約增加 33%，即可當成未來產能的增加比例，不過新廠導入自動化生產，屆時實際數字可

能會更高,當然後續仍需要追蹤修正。

　　精測在現有產能只利用一半的情況下,就馬上展開規劃新的擴廠計劃,其實代表著營運方對未來訂單的掌握度,前面有提到像精測一樣的公司,往往都需要和客戶一起開發產品,所以認列營收時都已經是專案尾聲了,前端的部分可以從一直增加的研發費用看出端倪,這代表著精測持續致力於客戶開發,我認為未來會慢慢發酵。

　　產能是未來業績成長的重要因素,但即使是公司內部的員工對於未來產能的變化也無法完全掌握,這部分可以運用巧技判斷公司營運方向,例如樓板面積就是一種計推估方式,另外也可以從公司法說會中提出提到的預估數字,當成重要參考指標,但也要了解這只是粗略的概估數字,也許 2022 年還無法得到這家公司未來可能的產能表現,但或許 2024 年就有更明朗的方向也說不定,因此我們先以產能成長 33% 為基準,如此就能推出未來可能也有 33% 的獲利成長。當然重要的不是數值多少,而是整體擴廠的進度與上線時間,這些都需要長久追蹤才能掌握。

說明獲利的推估方法之後，再來談論本益比推測的方法，影響本益比的因素有很多，最常見的就是和產業地位、市場氣氛以及利率有關。

● 公司愈有價值，產業地位愈高

競爭對手愈難進入的產業，市場給的本益比就會愈高，以電子業為例，大致上能分為：上游的 IC 設計、中游的晶圓製造及下游的封測，以最上游的 IC 設計產業來說，最重要的就是長時間累積的知識及人才，這兩項要點都不是能夠輕鬆跨越，所以如果有新的挑戰，就需要很龐大的資金才能追上領先者。因此能進攻 IC 設計產業的公司並不多，再加上若有良好的設計能力，就會形成獨占，所以市場給予 IC 設計公司的本益比通常比較高。

再來是中游的晶圓製造產業，成熟製程的製造難度較低，但要做出一間能生產的工廠其實需要不少時間與金錢，這也會成為對手進入的阻礙。先進製程就更不用說了，能做到的公司少之又少，所以先進製程公司的本益比通常較高。最後是最下游的封測廠，先前封測產業只有要機台和人力，就能切入產業，新增一條產線

的時間和成本相較上游來說較低，進入門檻低也就造成封測業的本益比是整個電子產業中最低的原因。因此封測業的經營者，還要考量資金運用、折舊數字及獲利的平衡，算是賺管理財的公司。

當然要判斷一家公司的產業地位並不容易，這不是按一按電腦或是手機 APP 就能得到的答案，不過愈是不容易做到的事，就代表愈有價值，因為能看到更深更遠的核心處，你離失敗的韭菜圈就會愈遠。我認為產業地位可以從以下 3 個方向進行思考：

● 產業總產值與未來發展性

這部分通常會在公司的年報中揭露，說明整個產業總產值，一家公司所處的產業規模大小，將會影響你對其未來成長性的估算。舉例來說，上一段提到的精測（6510）在 2022 年的年報中，就有以下這段內容說明：

「111 年全球半導體探針卡總產值約 2,755 百萬美元，較 110 年成長 6.7%，預估 112 年因半導體產業受到外部環境負面因素的影響，全球半導體探針卡總產值下降至 2,653 百萬美元，較 111 年減少 3.7%。」從這段文字可以見，精測提出整體產值和對未來發

展的看法。

● 市占率與產業排名表現

　　市占率是指該公司在整體產業中的名次，龍頭廠通常具有規模優勢、有較高的市場地位，而小廠則擁有較高的發展潛能，通常市場給予的本益比並不一樣，因此在分析時就不能放在相同位階進行比較，不過若官方沒有揭露相關數據的話，通常不容易查到，只能透過相關新聞的討論進行推論。

● 細心推敲競爭優勢

　　如果一家公司在市占率的排名領先，代表一定有其競爭優勢，所以我們要試著去解析這家公司的優勢，這部分可以從公司的年報找資料，但年報中寫的資訊通常會過於強調自身的優點，甚至列出的優點也不一定真的是優點，而只是代表現況而已，因為公司幾乎不可能在年報中提到自己的劣勢，建議大家仍要進行思考及消化，做出自己的判讀。

　　以精測為例，他們在年報中時常提到：公司引入自動化加速客

戶在研發時的速度，對比其他探針卡公司，精測的確是擁有自製探針的能力，甚至競業還要向精測下單代工探針，由此可見這的確是競爭優勢。

● 市場氣氛冷熱度

其實市場氣氛非常抽象，不過大家應該不難觀察到，當市場氣氛熱絡時，就會提高本益比的評估，相反的當市場冷淡時，本益比也會跟著下降。而市場氣氛也與整體經濟循環有關，景氣擴張時，從股票市場賺錢的人多，就會拉動整體氣氛，你就會發現新聞或是媒體提到股票的次數變多，相反的景氣不佳時，人群對未來的評估抱持悲觀，保守觀望的態度，本益比就會隨著下修。

通常可以透過成交量進行觀察，台股近年來因為大盤指數墊高，所以不適合用現在的成交量與 2020 年以前的成交量直接進行比較，不過以目前的指數位置來看，我認為日成交量若低於 2,000 億元，代表市場氣氛偏向冷淡，而我喜歡在此時開始進行布局，因為沒人跟你搶，架上的便宜貨總是比較多。

• 多元評估利率變動

最後談到利率，特別是美國的利率，對於成長股來說有非常重大的影響，利率基本上是一種無風險的獲利，簡單來說就像錢放在銀行領利息一樣，除了發生毀滅級的重大天災或是戰爭之類的巨大變故，大體上來說無風險。因此當銀行利率愈來愈高的時候，願意承擔股票風險的人就會變少，資金退出市場後就會看到本益比的下修，特別是獲利還跟不上股價的公司，而利率的影響其實也不單純只是看數字，而是要看未來動向。當我們處在升息循環中，預期未來利率還會上升，那麼股市要拉高本益比就不容易，相反的，當我們已經在降息循環中，知道未來利率要下降，那對本益比的評估就有比較大的空間。

不過值得注意的是：利率和股價的相關性不是只有單純上升、下降這麼簡單，其實更要深入了解整體總體經濟的變化，因為有時利率下調代表的是美國官方認為接下來衰退的可能性增高，若是如此則會拉低企業的獲利，一樣會有修正股價的風險，所以在判斷上不能只有單一想法，而要有更多的思考面向。

通常觀察本益比的變化，我個人會利用本益比河流圖，這個指

標可以輕易的在許多理財網站中看到，從本益比河流圖的變化，就能觀察一家公司長年以來的本益比走勢，進而去推敲市場何時放大或回收本益比。

　　再度以精測（6510）為例，就未來面來看，2022 下半年在法說會提到，Q3、Q4 都將出現逐季成長，不過這是廢話，因為精測的旺季本來就在後半年，公司對於今年的看法較為保守，相對去年大概只能維持小幅成長，而在研發費用以及資本支出增加的情況下，今年的毛利率預估仍會比去年更低，所以個人推估 2022 年的 EPS 可能在 25 元上下，最後公布的數值是 23.5 元，與我的推估差不多。本益比約在 18 ～ 20 倍區間，參考精測的本益比河流圖（下圖）來看，現在還是在最低區間的下緣，主要是精測因產業地位的關係，長年來市場給的本益比都非常高。

　　從圖中可以發現，精測在 2016 ～ 2017 上半年時，本益比呈現擴張，主因是當時除了營收不斷成長外，毛利率也持續上升，此時就容易出現所謂的「戴維斯雙擊」效應，也就是影響股價的兩個因子—每股盈餘（EPS）及本益比同時提升，而出現倍數效果的現象，通常會出現在企業超過市場預期成長的時期。此外，還有

精測（6510）本益比河流圖

● 14.3-28.8 倍　　● 28.8-43.3 倍　　● 43.3-57.8 倍　　● 57.8-72.3 倍　　—— 月收盤價

資料來源：優分析

一個相反的現象就是「戴維斯雙殺」效應，指的是企業衰退造成每股盈餘（EPS）下跌並引發本益比修正，一樣有相乘的倍數效果，出現跌幅加劇的現象。因此我們在做估值時，一定要特別注意這兩個因子的變化，避開因樂觀而追高的股價，不然受到的傷害也

會加倍。

所以如果跳脫短期思維，以長線的眼光來看，未來在先進製程產出的晶圓晶片愈來愈多的情況下，精測肯定有機會拿到新訂單與市占率，而如果以產能做為計算基礎，現在產能利用率僅一半，每股盈餘（EPS）就有機會落在 25 元左右，那麼未來達到產能滿載的時候，EPS 就有可能會在 40 ～ 50 元區間，再加上 2025 年後的新產能，以粗略的推估三成就好，未來就有機會出現 50 ～ 65 元的 EPS。別的不說，以低標 20 倍本益比來看，未來精測的價格就有機會回到千元水準，當然我必須強調，這是我個人看法，雖然肯定精測的技術領先地位，但未來實際會發生的情況仍然難以預料，只是就目前的分析來看，這家公司有相當的發展潛力。

上面這段是我當時文章的結論，如果你推測出未來的 EPS，也概估可能的本益比區間，那麼就能得出一個數值告訴你，這家公司未來的可能性，因此只要現況沒有改變，就能利用此一評估技巧幫助你做投資的策略規劃。

4-3

分析商業模式為估值加分
先搞懂公司怎麼賺錢

　　前一段談到本益比的部分，你會發現股票市場上，有一些公司長期享有較高的本益比，這是為什麼呢？我認為如果看到高本益比的公司，一定要試著去找出其背後墊高本益比的原因，試著理解並且分析這個原因的可持續性。如果具備持續性，你在做估值時就必須加入相關的修正，也就是說，如果一家公司長期受到市場關注，本益比維持在 50 倍，那麼當有一天其修正到 25 倍時，維持競爭力優勢的條件仍然存在的話，此時你就必須了解對於這家公司而言，這是相對便宜的價格，或許就可以評估相關的投資策略。

　　這一類型的分析方向，其實就是一家公司的商業模式分析，知

道他們怎麼賺錢、賺誰的錢，然後搭配數字的變化，你就有機會掌握到這家公司的市場地位，而分析的流程，我建議可以從以下 4 個重點進行研究與思考：

重點 1：產業特性

前面曾提到，不同的產業就會出現不同特質的公司，因此第一個步驟一定是從了解產業面開始，提供以問題給大家進行思考：

▶ **這是新興的產業？還是古老的行業？**

　→如果是新的產業，是如何興起？未來又會遇到什麼挑戰？

　→如果是舊的產業，那麼其歷久彌新的原因和理由是什麼？

▶ **這個產業目前的規模如何？**

　→股東年報中通常有相關說明

▶ **這個產業未來的成長率如何？**

　→股東年報中會載明，但要注意的是，幾乎沒有一間公司會寫

自己未來的成長率是零或是負數，因此不能只看年報的預估，還要多方收集資訊並加以判斷。

▶ 這間公司賴以維生的關鍵是什麼？

→可以搭配財務數據，如果該公司在某幾年營收、獲利增強，可以先去了解那幾年發生什麼事情，然後思考未來是否還有可能再發生。

▶ 破壞市場挑戰者出現的可能性

→許多產業的終結都是出現更新的應用而破壞原先的需求，在台股中的電子產業更是要特別注意這種情況的發生。

重點 2：未來發展

股票反應的是未來的價值，在了解一間公司的產業背景之後，依此做為立論基礎，就能推估其未來發展的可能方向，提供以下的方向進行思考：

▶ **是否有新的需求出現？**

→需求是時時刻刻都在變化，因此領先市場思考需求的未來發展非常重要，例如手機的換機潮通常隔幾年就會有比較明顯的高峰。

▶ **從不同時間週期評估變化的可能性**

→試著分析一間公司在短、中、長期可能的變化，短期通常指一年內，可以前一年的基期高低來推測可能發展；中期則看產業循環，每一個產業都有其循環性，若是過去 2～3 年都偏低，則未來 2～3 年就有機會翻轉；長期與產業發展及總體經濟有關。

在操作策略上可以用長線保護短線的思維，例如評估短期發展並沒有太大的機會，但中期則有可能受惠產業循環而帶動新一輪成長，在策略上就可以採用分批慢慢買進的方式，平衡風險並建立基本的持股，然後觀察與等待產業發生比較明顯的變動後再加大部位。

▶ 擴廠行動的進行

→產能是企業成長的關鍵因子之一，我們可以從新聞、法說會以及年報得知企業接下來擴張產能的可能動作，但要注意的是，擴張是雙面刃，因為新買的廠房、設備馬上就會有折舊成本出現，若是營收無法跟上就會吃掉獲利。但反過來思考，我們曾經看過有些公司在股價很高的時候辦理現金增資，做為擴廠資金，而後卻遇到景氣翻轉，導致營收下跌，增高的折舊吃掉獲利，出現戴維斯雙殺、股價崩落，而如果你是認真的投資人，就有機會在低檔處找到這些公司，只要花少少的錢就能買到有更多產能，或現金更充足的企業，未來只要景氣及產業面恢復走回常軌，往往都會有至少倍數的獲利。

▶ 毛利率的變化

→毛利率的變化其實也是公司循環性的反應，在對未來面的評估時，我們特別要去思考的是毛利率的持續性能否維持高檔？或是只在低檔遊走？高毛利來自於產品組成的變化，而高價商品則來自於市場需求，反之亦然，習慣了這種思考方式可以幫助你掌握到股價的折轉區間。

　　現在以昇佳（6732）為例說明，昇佳是一家 IC 設計公司，早年是矽創的感測器 IC 部門，2009 年獨立切割成子公司，並在 2020 年掛牌上櫃，簡單來說產品分成兩大類，一個是光學感測晶片，目前占營收最大的比重，另一個則是 MEMMS 加速感測晶片。

　　光學感測晶片是目前昇佳最主要的產品線，占營收的九成比例，以感光度做為等級的區分（G1-G4），愈高規格的價格就愈高，毛利也較高。以功能來說，又能再分成三類，一是近接感測晶片（PS），可以依光感度分別物體或是使用者與手機的距離，以進行不同的功能輔助，例如防止螢幕誤觸或是判定無人使用以降低功率節電，也能用在 TWS 藍牙耳機上，可以偵測是否正在使用中。另一種則是環境光感測晶片（ALS），主要的功能是感應環境亮度，達到自動調整螢幕亮度的目的，最後還有 RGB 色溫感測晶片，可用在調整螢幕色溫及調控鏡頭白平衡的功能。

　　MEMS 加速感測晶片就是利用微機電的貫性感測作用來，達到感測 3C 用品使用狀態的偵測，最簡單的就是手機螢幕直行與橫擺的感應。

　　昇佳的產品一直以來都是以光學感測晶片為主，MEMS 加速感測晶片在 2020 年以前占比不到 5%，近期慢慢拉高到 10% 左右，以產品規模來看，MEMS 加速感測晶片毛利不及光學感測晶片，這一點其實很容易理解，因為要做一顆晶片，要光罩、要晶圓、要封裝、要測試，如果產品數目多的話，成本可以攤到每一顆晶片，數目少當然就會拉高成本，所以未來 MEMS 加速感測晶片的獲利要提升，就需要加大產品的銷售數字。這個產業目前的龍頭廠是 Bosch 和 STM 公司，而這些大廠目前因為想轉往高階的多軸產品，所以慢慢淡出低階市場，未來昇佳如果能達到一定規模的產品量，就能帶來新的獲利，不過目前仍然不是昇佳的重點產品。

　　因此昇佳的產品重點還是放在光學感測晶片，以目前手機的發展趨勢來看，因為手持尺寸的上限，所以螢幕大小大都停留在 6.6 ～ 6.8 寸的級距，因為再大下去就很像平板，而當大小固定不變時，廠商能追求的就是可視範圍的提高，因此手機的屏幕比例愈來愈高，從昇佳年報中可見從早期的 16：9 一直變化到近期的接近滿板的全面屏，這是昇佳突破的重要關卡。

　　早期螢幕外圍黑框的部分較多，要放各式感光元件都不困難，

但到了後面的窄邊框與全面屏，要把感應器（sensor）放在非常細的黑邊裡，甚至直接放在螢幕的下方，就需要相當的技術能力了。昇佳的狹縫解決方案整合近接感測晶片（PS）與環境光感測晶片（ALS），做到縮小體積，而屏下解決方案則採短波紅外線光源，從螢幕下方發射，並透過程式計算螢幕的干擾光加以排除後，達到感測光度的效果，這個部分並不容易做到，所以在手機感測晶片的市占率，昇佳和最主要的競爭對手 ams AG（奧地利微電子），合起來的市占率達到九成，而三年前昇佳和 ams 的占比約為 45：55，但現在已經逆轉成 55:45 了，由此可見，昇佳在業界處於技術領先的地位。

另外一個產品線是與拍照白平衡相關的 RGB 感測晶片，除了加強手機相機的拍照功能外，其實也與 OLED 螢幕的發展相關。OLED 螢幕是一種高對比、高亮度的螢幕，所以會在屏下放一顆 RGB 感測晶片，感測使用者的所在環境，並調整螢幕的表現，也會放在相機旁協助調整白平衡，才不會因為螢幕太亮而影響拍照時的取景誤差，因此這顆晶片的銷售會與 OLED 螢幕的市占比息息相關。

　　就現在手機的發展來看，不論是高屏占比或是採用 OLED 螢幕，都逐漸由高階手機往中階手機發展，因此對於昇佳來說，未來產品市場的需求仍呈現向上的趨勢，但是，為什麼昇佳股價會從 800 ～ 900 元一路跌到 2022 年的 250 元呢？主要原因我認為有兩個，一是無法維持大幅成長，從昇佳營收可以發現，2018 年營收約為 19.4 億元，而 2019 年則一口氣爆增為 48.1 億，出現超過 100% 的成長率，但之後則變為以每年約 10% 的速度成長，2019 年主要是因為打入 OPPO 和 VIVO 等品牌手機的供應鏈，因此一次提高市占率及銷售額，也讓投資人趨之若鶩，將股價從 300 推升到 900 元，但市場就沒有這麼大的成長空間了，因此市場就會升高本益比。另一個原因則是，昇佳的客戶全都是 Android 手機廠商，2021 年因疫情帶動的 3C 需求，讓昇佳股價再度拉了一波回到 800 元，但是隨著中國經濟出現問題，加上美國升息及通貨膨脹，讓消費需求下降，造成手機廠商庫存大增，因此所有供應鏈中的公司股價都大幅修正，這兩個原因再加上昇佳的股本增大、稀釋乘起來，就讓昇佳跌到歷史的低點。

　　接下來要思考的是，這次股價是暫時性的衰退，還是永久性的

破壞式衰退，以手機這項產品說來，Android 陣營雖然在高階機種賣輸 Apple，但以 CP 值高的中低階手機來說，其實擁有相當的銷售表現。以 3 ～ 5 年短週期來說，應該不會出現破壞性的變化，另外昇佳的產品目前競爭對手只有 ams，而這類型的光學感測晶片開發不易，其他對手並不容易追趕上來，昇佳的技術仍有領先優勢，所以就這兩個方面來看，我認為昇佳在這一波去庫存化後，有機會再度重新走回需求擴張的階段，以其在產業的領先地位，這種龍頭級的公司能買在谷底，未來就有機會抱出大波段的收獲。

最後則是思考目前該公司遇到的情況，是短時間的變化或是長時間的永遠性破壞？未來會有改善嗎？我想以目前能看到的情況來說，昇佳在短中期大致上還看不到其他對手的出現，特別是在 Andorid 陣營，採用昇佳產品的比率非常高，所以後續的追蹤分析，就要往 Android 手機何時出現新一輪的需求進行研究，未來這家公司應該有機會再度回到成長的道路上。

4-4

「估值」還有其他影響變因
和過去、未來的自己與同業比就好

　　經過前面章節的說明，相信大家對於估值的做法有一定的認識與了解，但實際計算，並觀察該公司股價變化之後，你會發現總是會超過或是低於你所計算的數字，其實這是可以接受的，因為影響股價的變因實在太多，而且就不同的時間週期來看，造成短中長期波動的因子皆不相同，所以合計起來數目更是龐大，在這樣的情況下，低估或是高估其實都很常見。

　　因為估值需要評估到市場情緒的波動性，所以本身就是處在一個理性與非理性之間的灰色地帶，如果我們以理性的角度思考，但市場其他的交易人並不這麼想，而用非理性的想像去提高本益比，我們有可能就會錯失一段行情，或是相反的，市場的非理性壓下本

益比，給予較高估值的我們，可能就要套在相對高檔的區域。

那麼，估值就沒有用處了嗎？其實我認為並不是這樣的。我們要能理解估值是一個比較出來的數據，和過去及未來的自己比，以及和同業相比。與過去與未來相比，股價的爬升或墜落，其來源往往與企業本身的變化有關，預期未來變好及變壞，都有可能對估值產生影響，所以盡量以較長遠的眼光看待未來的發展，今天表現不好，未來有機會變好嗎？跳出現有的觀點，你往往就會發現一個更大的視野。

與同業相比時，可以觀察到不同觀點並且去思考，為什麼市場給這家公司比較高的本益比？是因為市場地位？技術具有獨到性？客戶特殊？法規保護？……等面向，另外也能去思考目前本益比落後的公司，未來有沒有機會補漲？有時當某個產業出現大爆發，獲利大增，原先本益比偏差的二、三線廠，在營收衝高、突破獲利曲線，經營面上由虧轉盈，就容易出現比龍頭廠更高的漲幅，這些都是值得研究的重要因素。

從上面這兩點來看，我們大致能了解市場重視的是未來的變化，那麼如果反過來思考，原先占有重要護城河的公司，有一天被對手

爬過高牆，開始攻城掠地呢？那就會看到市場翻臉比翻書還快。

舉個簡單明顯的案例說明，陞泰（8072）是一家製造傳統監視器的公司，過往這類產品需要連接纜線及後端錄影設備整合，十幾年前曾是獲利良好的優質公司，可是後來產業出現很大的變革，首先是中國官方扶植的海康威視，挾著低價搶攻市場，讓陞泰的市場地位受到很大的挑戰，另外新的技術也持續發展，現在已經不太使用需要拉線的傳統監視器，而是採用網路連線、遠端控制的 IP CAM。

在這兩大衝擊之下，陞泰就失去原先的護城河，獲利轉急直下，股價也從百元以上跌到 20 幾元的價位，可是這個產業仍然持續在變化中，2017 年後，美國開始針對中國產品進行管控，對於安控產品的要求更高，造成中國製安控產品受到挑戰，從中就出現台廠的新機會，不過機會並沒有回到陞泰手中，而是由 IP CAM 的龍頭廠晶睿奪得，拉出新一波的成長。這其實就告訴我們兩件事，一是台灣電子業的循環性明顯，在如日中天時，我們要去思考下一個階段的挑戰，第二件則是追蹤與研究產業及公司絕對有必要性，你花時間研究、整理資訊，日後就能化為你投資的養分，天道酬勤，這是不變的道理。

05

畫出未來的
投資地圖

5-1

探尋公司發展的未來路線
提高尋找「未知」的能力

　　1990 年，在美國知名的麻省理工學院，有一個專門研究樸克牌 21 點的社團，其中指導教授利用心算、記憶與團隊合作，找到方法提高勝率，並在各大賭場贏得不少獎金，直到被賭場注意到而更改 21 點的使用牌數及洗牌頻率。

　　他們的方法其實非常簡單，就是掌握賭場不會每次牌局都會洗牌，利用已經發出的牌計算牌池裏還剩下多少牌，如果玩家一發牌就拿到 Black Jack（一張 A 和一張花牌），不但能夠贏錢，而且莊家還要支付 1.5 倍的籌碼。因此如果大牌的比例高，那麼在勝率大幅提升之下，選擇這張賭桌能贏的機率就會提高，這是一個

利用「已知」去推算「未知」可能性的方式。

　　其實在投資面向也是，我們能研究各種「已知」，然後利用這些資料去推測現在還沒有公布的「未知」。也許你會覺得很困難但其實並不然，因為當你花時間研究一間公司的營運方向，會發現就算是一些非常明顯的情況，市場有時並沒有那麼多人在意，而在這之中就有散戶能夠操作的空間。

　　影響公司營運方向的觀察，我在 3-1 章節已有詳細說明，從總經面、產業面及企業面三個方向切入，進一步觀察公司未來營運的方向，其實從 21 點的面相也可以思考，如果一間景氣循環性非常明顯的公司，當其產業正處在非常衰退的情況時，而這個產業又是不易被取代的行情，那就如同 21 點賭桌在牌面上發掉小牌之後，你就會知道牌池剩下的都是大牌了。

理性觀察需求

　　以 2021 年 2 月節錄於訂閱平台的文章，以旅行社相關公司為例。

「觀光類股無疑是疫情重災區,其中最慘的一定是旅行社,有的公司營收甚至掉了九成以上。但我覺得目前旅行社相關公司還不是很好的標的,原因有兩個:一是要能夠出國旅行,疫情就必須完全結束,全世界才會開放往來,這個難度並不低,雖然現在疫苗的出現可能緩解疫情,但實際的效應仍有待時間證明,搞不好真的還要再等上一年,只是我們可以預期的是,最後一定會出現超級報復性的出國潮,到時機位、飯店全都一位難求,旅行社要做的事就和現在的晶圓廠一樣,調高售價,然後毛利就會一直上升,但一樣擋不住人潮,因為大家都太想要出國了!」

這一段文字放在現在 2023 年來看,是不是完全反應了現況?當一個具有絕對性需求的產業遇到退無可退的境界時,我們抱持的態度其實不應該是恐慌,而更應該是由理性所帶動的渴望,因為你知道這樣的機會並不常出現,只是在 2021 年當時,我們無法預期疫情會持續多久?仍然有著不確定性,但無論如何,這是一條一定會走回過往的道路。

另外一個推測未來動向的資訊來源是法說會,這個部分在 2-2 章節以及先前的實例討論時都有提到,法說會屬於公開資訊,有

許多公司會討論到下一個季度或是半年的走向，而像是台積電、大立光、鴻海等大型公司，他們的法說會向來是市場矚目的焦點，因為除了說明公司發展之外，同時也透露該產業將遇到的挑戰，進而影響其產業上下游公司，所以大型公司在法說會之後，市場通常就會反應出當下的樂觀或是悲觀的看法。

但是除了大型股之外，冷門的中小型股在追蹤一段時間後，你會發現真正關心相關資訊的人可能比想像中少，這一點可以從證交所法說會影音檔案觀看次數得到證明，有上千名小股東的公司，法說會的觀看數居然只有一、兩百次，散戶只要愈早掌握訊息就愈有機會從中獲得好處。

另外，除了看法說會影音檔之外，也可以寫信或是直接致電給你感興趣的公司，請教對方你的疑問，多數公司都願意回答投資人的相關問題，投資人也可以從這部分管道得到訊息。

因此，我會藉由取得的資訊，試圖勾畫出一間公司未來的可能走向，可從短期、中期、長期三個週期進行思考：

● 短期最難掌握

短期是最難從已知訊息去掌握的週期，除非是真的非常冷門到關注的人很少、日成交量在 10 張上下的公司，不然當有新資訊出現時，多少會反應股價，因此短週期其實並不適合以基本面為主的價值投資者，畢竟短線帶有許多隨機的走勢，能在短線賺到錢的人真的是非常少數，我們不應該以無法輕易複製的方法當成操作的目標。

● 中期預測數據多

中期指的是半年到一年的週期，這個週期可以預測的數據較多。首先是基期，一間公司過去 12 個月的營收表現，成為接下來 12 個月的計算基期，表現差的就會成為未來的低基期，當然不是低基期就一定代表這家公司接下來的營收會翻揚，而是要進一步追查出現低基期的原因，而這個原因又會持續多久，推測出可能的時間點。例如，我在 2022 年 1 月時曾致電給製作高級車輪胎鋁圈的公司「巧新」，當時向發言人請教關於鋁圈製程的問題，而巧新公司在和我閒聊時也提到，鋁圈的製程時間很長，因為鍛造的工序很多，所以從他們接單到出貨，往往需要超過 1 年以上的

時間,而從當時的新聞就有提到,巧新手上有客戶開始下單,因此從這個資訊大致就能畫出巧新在 1 年之後的營收變化,而果然巧新的營收也在 2023 年 3 月開始逐漸回穩。

● 長期最需要花時間

長期的變化則更重視總經面及產業面,而要能掌握到長期趨勢,唯一的方式就是花時間努力研究,特別是台灣的電子業,其中有很多新興的次產業,而當新技術、新應用開始邁向成熟茁壯時,如果你只是看財務數據,是無法看出公司的價值。

舉例來說,像是進入 5G 時代後,PCB 板的品質要求大幅提高,讓許多 PCB 公司一次進入躍進的成長期,另外像是矽智財的 IP 公司,在應用面愈來愈廣泛,並且以使用該 IP 產品的數量計價之下,獲利數字也就水漲船高,這些都是新的產業應用與突破,投資人要如何找到並認識這些具有前景潛力的公司?其實就只有日常多加研究這條路,聽起來也許辛苦,但如果能找到長線的發展新趨勢,那其實就會得到許多收獲,這也是長期投資的威力,用努力與耐心去堆疊的成果。

考量風險的重要性

而當你思考完關於一間公司未來可能的發展路徑之後，接下來就是擬定自己的投資策略，包括進場與退場，加碼、減碼。這個問題也是投資的大哉問，是所有投資人都會遇到的課題。即使是最頂尖的投資人，在思考一個投資機會時，也無法做到百分之百的掌握，投資必然存在著不確定性，回頭看看過往的歷史，是不是有許多公司的營運高層，在景氣最高點時做出錯誤的投資決策？或是在最低點時喊出還會更壞的看法？其實並不能怪他們，因為的確沒有人能做到完美的預測。

所以身為外部散戶要如何來減少風險呢？我認為沒有標準答案，不過有方法能夠降低可能的風險，那就是依你所掌握的資訊控制持有該公司或是產業的比例。例如，當你發現一個投資機會可是並不確定，只是觀察到一點蜘絲馬跡，引發你的對於該產業可能迎來變化的猜想，那麼你可以先布局資金 10%，請特別注意，這裡提到的 10% 不是指你的總資產，而是預計在這次投資中想要投入的資產比例，買 10% 並不算多，但有部位在手上會催化你研究的動力。

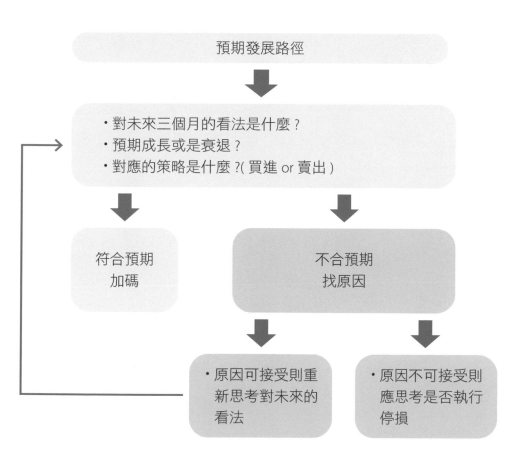

評估公司發展的思考路徑

預期發展路徑

· 對未來三個月的看法是什麼？
· 預期成長或是衰退？
· 對應的策略是什麼?(買進 or 賣出)

符合預期
加碼

不合預期
找原因

· 原因可接受則重新思考對未來的看法

· 原因不可接受則應思考是否執行停損

製圖：陳啟祥

　　舉例來說，2020 年我曾在粉專及自己的訂閱專欄聊到瑞耘（6532），當時因為發現即使碰到疫情，瑞耘的營收並沒有衰退，反而出現成長，之後更是順著總體資金的走勢一口氣出現快 2.5 倍的漲幅，當時我手上持有瑞耘的股票，而我注意到接下來瑞耘為了需求而將進行擴廠的新聞，並發行可轉債，在公開說明書也有提到，擴廠動作是建好新廠之後，拆掉舊廠搬過去新廠，就像搬家一樣，一定會有一段時間幾乎處在無法動彈的情況，所以推測在這個過程中，日常的生產能量會大受影響，所以當時我就觀察瑞耘何時出現營收停止成長，並將手上的持股賣出。

　　但故事並沒有就此結束，這家公司的新產能仍持續開發，因此在衰退期結束之後，不但低基期會拉高未來的成長空間，獲利也有機會成長，但我們只是小散戶，無法得知其何時會重回成長軌道，所以每月開出的營收就成為一個不錯的指標，也許無法在最低點時告訴你，但至少當他開始止穩的時候，就代表新的機會將出現。

　　在 2021 年 10 月，瑞耘經過將近 1 年的衰退後，營收開始出現起色，並持續的成長，一路到 2023 年 8 月都有不錯的表現。從上

面的說明來看,當你了解到一間公司下一階段的可能發展之後,大概就能畫出一張自己預期的發展流程圖,而確認方向的關鍵點位都是加減碼的時機。當營收成長、獲利成長就持續持有股票,反之若不如預期的話,就進一步尋找原因,並且評估原因是否能接受,以及這個影響因子的消失時間點。

在這個過程之中,「事先」畫好流程圖就是一個非常重要的工作,而不是在交易時間內,看到股價跳上跳下才在想東想西、驚慌失措,然後做出追高殺低、違背自己當初設定的操作策略,操作應該要在心平氣和的情況下進行決策,而決策的時間點無論如何都不會是在盤中,這也是我一再強調事先計畫的重要性。

最後,我想提醒風險這件事,雖然我們可以利用一些研究和思考技巧,增加對未來趨勢判斷的正確性,但請務必記得世界上沒有絕對的事情,永遠都會有我們所不知道的變因發生,所以在投資時,不要使用槓桿放大自己的獲利,因為這是一把雙面刃,一旦局勢變化太快,反過來就是損害手上的資金,萬一槓桿開太大,極有可能一次毀掉多年來的投資成果,投資其實還是穩穩來、慢慢走最能保持平靜的心情。

5-2

系統性計算可能的估值

以時間軸推論較為明確

在 4-2 章節中，我們曾討論過評估與看待一間公司未來可能的本益比變化，在了解推估方式之後，現在回頭看看算式：

> 股價 = 獲利（EPS）X 本益比（PE）

如果能推測出公司未來的可能獲利區間，那麼對於股價的變化大致上就有範圍的概念了，這會幫助你在操作時有方向可循，所以如何來推算一間公司未來的獲利呢？

我們一樣可以從不同的時間軸來思考，分成短期、中期與長

期，短期的評估用近 4 季 EPS 加總計算，例如，若現在是 3 月，那就是用去年第 2 季到今年第 1 季的數據，當成評估數據，因為 EPS 具有季節性。以電子業來說，普遍可以看到在一個年度開始時，Q1 因為有過年以及可能的歲修及設備保養，通常會是傳統所謂的淡季，進入 Q2 之後則可能持平而或小幅度的回溫，而 Q3 則是電子業的旺季，因為客戶會為了 Q4 的銷售季預先準備，所以 Q3 有可能會出現當年度的業績高點，Q4 則算是拉貨尾端，通常會比 Q3 回跌，這就是大致上公司一年的循環腳步。

當然不同產業就有不同的營運模式，這些都是研究的重點，所以如果你用一個季度的 EPS 直接乘以 4 的話，就會得到錯誤的數字，若以此做為估值推算，當然就會出現誤判，因此用近 4 個季度的 EPS 相加，會是比較好的方法。

中期的推算則是要推估下一年度的 EPS 變化，想要推算一間公司的 EPS，有 3 個數字必須要掌握，分別是：營收、毛利率、營業利率。

● 營收表現

公司的獲利來源「基本上」來自營收，業外收益包括賣地、賣樓、賣廠等的交易，只有一次性收入，在評估時通常不會當作本益比的計算標準。而一整年的營收我們可以從先前提到的產業資訊下手，法說會或是新聞透露的可能訊息，或是接下來整體產業的變化情況。舉例來說，公司方說明接下來的一年可能會有 10% 的成長，對比今年營收就能抓出假設的數字當成計算標準，或是有些研究機構會提出對某些產業，未來一年成長率的預期看法，這個也能先當成假設數字。

● 毛利率變化

通常獲利愈穩定的公司，毛利率的變化會愈小，而獲利不穩定的公司則因為時常在損益平衡線跳動，毛利率的波動會比較大。另外在營收增加時，毛利率應該也要同步上升，因為生意做大了，能夠分攤的比例就會變多，大家可以參考下圖。

當一間企業的銷貨收入也就是營收增加時，他上升的斜率應該要高過於總成本，所以利益就會隨著營收擴大而往上增加，可能

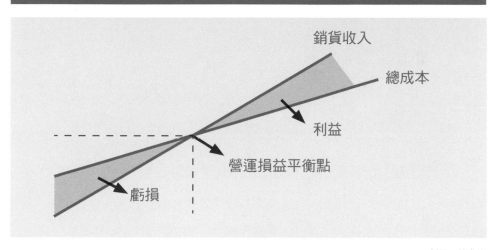

利益隨營收增長

銷貨收入

總成本

利益

營運損益平衡點

虧損

製圖：陳啟祥

會出現多營收 20% 的表現，獲利卻能增加 50%，不過這是教科書裡的圖。就實際面來看，並不會有如此完美的線性曲線，但我們仍可預期營收增加的公司，毛利率應該要能跟上，如果沒有，就要去找出原因，然後評估這個影響因素是否會消失。

另外也要試著掌握毛利率變化的可能原因，包括原物料成本、匯率變化或是資本支出持續增加等，以過去的狀況評估下一年度的毛利率區間。

以瑞穎（8083）為例，1997 年創立、2004 年掛牌上櫃的老牌
CNC 廠，主要經營的產品是軸承，也稱做培林，軸承是非常常見
的機械零組件，有各式各樣的運用範圍，而其中的規格差異也很
大。軸承的功能就如同他的名字，用在轉軸上去承受轉軸工作時
所產生的徑向力與軸向力，以達到維持軸心避免偏移的狀況，還
能減低平面磨擦及增強平滑度。

觀察瑞穎近十年的毛利率變化，從 2011 年毛利率約 31% 開
始成長，一路來到 2016 年最高的 42.7%，主因是產品組成中，自
動化倉儲設備用的滾輪出貨量增加，該項產品毛利率高於平均，
所以不僅為公司帶來營收成長，同時也拉高毛利率。不過 2016 ～
2018 年的毛利率卻往下降至 37.7%，公司在年報說明，主要是因
為當時新台幣匯率走升，瑞穎的銷貨地區 85% 都是美國，因此在
新台幣升值時較為不利，就會出現約一成的獲利影響。

另外，在疫情期間，實體活動下降轉為線上購物，自動化倉儲
設備需求爆發，讓瑞穎營收出現大成長，不過毛利率卻來到近年
新低的 35.3%，主因是瑞穎的報價原先採到岸價，簡單來說就是報
價含運費，而 2020 年因疫情造成塞港而使得運費大增，這些費用

衝高了營收，不過運費是付給船公司，可以想成，原本售價 80 元含運費報 100 元的商品，現在因運費增加，變成售價 100 元含運要報 150 元，營收增加 50%，但獲利只增加 25%，所以拉低毛利率。

　　從瑞穎的案來看，如果我們深入研究一家公司的營運狀況，就能推估出公司在毛利率變化上的可能原因，那麼就能藉此評估這些變因是否仍繼續存在，或是有所改變，就有機會先於市場去推測公司接下來的變化。

● 分析營業利益率

　　營業利益率的分析方式和毛利率類似，一般來說我比較在意的影響變因有兩項，包括折舊率和研發費。折舊費用與資本支出有關，如果公司在增加資本支出後，例如擴廠、購買設備等，尚未有新的營收，獲利就會被折舊侵蝕。不過也別因為這樣就放棄研究這家公司，因為如果接下來遇到需求反轉，產能比別人多的公司，又因為折舊而使股價下跌，就會出現很不錯的安全邊際，研發費用也是相同的概念，在景氣低檔時逆向增加研發費用，這些都是未來可能提供更高回報的條件，像我們在 4-2 章節中做為案例的精測。

有了營收、毛利率和營業利益率的推算後，就可以透過加加減減進一步計算獲利了，這裡不針對基本會計原則做詳細說明，如果對於相關知識還不了解的讀者，建議翻閱初級財報說明的書籍，了解 EPS 的計算，而從上面說明的資料，可以計算出 EPS 可能的範圍，這個數字就能當成操作策略思考的依據，並搭配 4-2 章節提到的本益比河流圖去掌握股價變化的可能區間，如此一來，在操作時就有方向可供思考與追蹤。

相較於短期、中期的估算，產業或是企業的長期發展則更有難度，但也並不是完全做不到，只是心態需要調整，因為長期必須掌握的是一個大趨勢變化，而不是單純 EPS 的計算，提供 3 大方向可以進行思考：

【方向 1】新應用帶來全新需求的產業變化

這個想法在 5-1 節章也曾提到，最明顯的案例就是這次的 5G 升級，一口氣拉動了晶圓製造、封測、PCB、散熱等產業，而回頭再看看這些公司的股價走法，常常是話題出來先漲一大波，之後發現基本面沒有跟上，就再緩緩下跌，接著經過幾個月到一年左右的沉澱，產業面開始出現變化。營收、獲利走向成長，而此時股價才

會有第二波的發動攻勢，所以這也呼應前面所提的內容，你要掌握產業長期的趨勢變化一定要有耐心，不論是等它變便宜，或是等它獲利發酵，這也是長期投資者勝率通常比較高的原因之一。

【方向 2】法規面的變化

新的法規帶來新的要求，廠商只能配合調整，這也是一種剛性需求，找不到替代方案。例如新的《溫室氣體減量及管理法》，就要針對排碳大戶進行加稅，此時可能就會出現一波設備更新潮，所以平常在閱讀新聞時，也需要更多想像力，去思考這則新聞會帶來的改變，而這個改變又會如何影響資金移動。

【方向 3】全新產品線的開發

另外一個出現長線成長的情況，會是公司有新產品的銷售，並搭上新的產業趨勢，就有機會進入一條長線的成長賽道。台股有非常多的類似案例，以高力（8996）為例，以金屬熱處理加工起家，產品應用的範圍甚廣，像是汽機車、機械、模具、五金、家電以及國防工業等領域。

2022 年開始與美國氫燃料電池製造商 Bloom Energy 合作，為

該公司供應電池盒的機構件，因此打開全新的銷售線，這項新產品讓高力出現約三到四成的營收成長，獲利當然也因此而大增，再加上氫燃料電池搭上綠能話題，拉動投資者情緒，讓公司股價出現大幅上揚，這就是全新產品線對公司營運所帶來的新效應。

分析出長期成長的可能原因之後，接下來就可以估算未來營收成長的數字，用產業的年複合成長率當成基準來推估，例如新聞提到法人估某產業年增長率是 5%，就可以先用這個數字，再配合該公司的產能及法說會提到的展望進行修正，即能得到對未來規劃的數字。不過我一定要強調這個數字有很大的機率要再修正，就長期發展而言，我們關心的是趨勢問題，但有時就是會有無法預測的事件發生，例如 2020 年的疫情、2022 年的俄烏戰爭，都導致產業出現巨大衝擊，但如果是評估更長期的成長性，你就會知道當事件隨著時間化解之後，就會回歸正常的發展路線，有時甚至會出現跌落谷底的強烈反彈。

以我在 2021 年 9 月寫在訂閱專欄中的豆府（2752）為例說明，當時因為疫情導致所有民生產業進入嚴冬期，政府為了刺激國內消費而發放振興五倍券。當時我針對有掛牌的餐飲業進行整理分

析，豆府集團以韓式料理為主打，其中以涓豆腐最為知名，目前經營的範圍都在台灣，符合個人推斷的振興五倍券受惠股。

豆府在 2019 年上櫃後，到 2021 年為止，出現約三成左右的年成長率，是表現相當不錯的餐飲集團，不過因為上櫃增資，加上先前有配過股票股利，所以 EPS 被稀釋，沒有隨著營收成長而往上，但配息率相當不錯，2020 年賺 10.3 元，配 9 元。

當時觀察到 2021 年 5 月時，疫情警報大做，民生活動暫緩，餐飲業的營收出現大幅衰退，Q2 獲利也掉到只剩 0.3 元，不過 8 月營收已回到億元以上，有回穩的情況，後面的月份營收追上來的話，2021 年應該仍有機會繼續成長，而主因就是展店數，以當時的新聞來看，2021 年預計店數 15 家，總店數為接近 70 家。我當時認為，以一家還在發展中的餐飲品牌來說，豆府的經營策略屬於穩步成長，不急著求快，而是一間一間店穩定之後慢慢拓展。

我認為這個品牌有幾個重要特色，首先是主打韓式料理，在上市櫃公司以韓式料理為主的公司就只有豆府這一家，有相當的品牌特性，再者旗下的集團品牌有定出不同價位的區隔。目前以 400 元

以上的中價位為主，往下也有 300、200、100 多元的品牌，多元價位的策略很完整，再來是店數規模不大，市占率未來有相當的發展空間，算是處在上升的趨勢中。台灣對餐飲業的喜好其實就是愛嘗鮮，有新品牌、新定位的餐廳出現時，大家都會想去試試看，喜歡的話就會持續一陣子，不過大概 3 ～ 5 年就會開始走下坡，進入撞牆期，所以這時就需要新的品牌刺激需求，豆府目前應該仍處在擴張上揚的階段，所以我當時就陸續買進豆府的股票。

而到了 2023 年疫情效應解開後，民生活動全面解封，股市資金瘋狂湧入相關公司，不管是旅行社、飯店、還是餐飲業，都出現瘋逛暴漲，這就是前面說的，當產業面對巨大衝擊後的強烈反彈，但是如同谷底一樣，這種現象會一直持續嗎？過低的情況不會長存，相對的過於強烈的需求也不容易一直持續。在這次疫情的過程中，我們看過許多產業出現這樣的情況，海運、晶圓製造、IC 到民生產業，幾乎都是相同的模式。因此面對這樣的變革，你要做的是更早一步在市場反應之前思考並且布局，而在瘋狂時出清離場，我們不必想著要賣在最高點，因為瘋狂無法預測，能在相對高檔時脫手，並等待未來的機會，長久下來，你在資產累積的成果，依然會有相同不錯的績效。

　　就如同序言所説，因為個性的關係，我非常討厭賠錢這件事，所以提高自己的選股眼光，增加投資的勝率成為我追求的方向，就像 5-1 章節提到的案例，如果你知道牌池的大牌數量比較多，在這個時間點出手，勝率自然比較高，套一句電視上投顧老師愛講的話，「山頂上玩，有誰能贏？谷底進場，不贏也難」。投資如果想要獲利，只要簡化成四個字「買低賣高」，但這之中有多少人能夠真正做到檔檔獲利？如果我們想要成為市場贏家，就要試著去做別人做不到的事。

　　如何做到買低賣高賺價差？我們可以回頭看 3-1 章節的説明，以長線觀點保護短線的投資，特別是當總經數據不佳時，市場通常都是反應出恐慌情緒，此時你就有機會找到那一些被標錯價格的公司，另外也能透過本益比河流的變化，進一步思考市場對同一家公司在不同時期給予不一樣本益比的差異，其實原因往往都是出於恐懼情緒，這部分也可以參考 4-2 章節再次複習。

06

增加勝率
的方法

6-1

輕鬆掌握景氣循環的節奏

投資就像不斷輪迴的人生

　　大家都知道地球因為以傾斜 23.5° 的角度繞著太陽轉，轉一圈就是一年，因照射角度不同，而產生四季變化，春夏秋冬依序不停變化、從不停歇，而在地球上的生物也隨著季節而產生不同的行為。四季更迭也可以用來比喻人類的經濟活動，我們稱之為景氣循環。景氣循環是由需求與供給互相滿足，而推動商品價格的波動，進而產生動能不斷循環與變化，可以參考以下圖景氣循環的四大階段。

　　下圖說明供給與需求的相互作用，X 軸代表供給量，左邊少、右邊多，Y 軸則是需求量，上方多、下方少。在數字 1 的階段，當生產某一個商品的產業位在低供給量時，只要出現需求增加的情況，就會帶動該商品的價格上升。

景氣循環 4 大階段

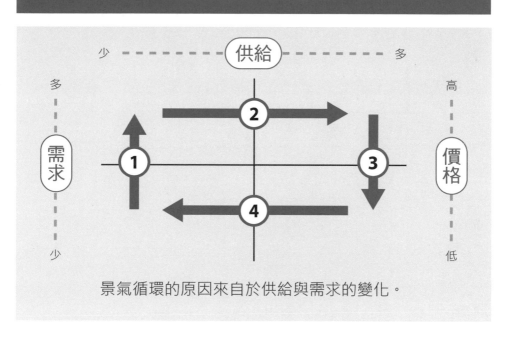

景氣循環的原因來自於供給與需求的變化。

　　而當價格來到一定程度時，產業進入火熱期，就是數字 2 的階段，此時會吸引其他資金流向產業。這是代表商品獲利佳，大家都搶著想進來分一杯羹，於是供給就會開始上升，不過因為需求仍在高檔，所以價格變化不大。但是，當供給增加到幾近飽和的程度時，就會進入數字 3 的階段，供給變多了，最下游的通路商人發現東西

不好賣了。於是，庫存開始堆積，業績壓力就此產生，因此就會出現削價競爭，只求先把東西賣掉、減少庫存壓力，所以在此一階段，商品價格就會出現下跌，甚至可能引發崩盤的現象。

當價格跌到極限之後，就進入數字 4 的階段，此時廠商開始無利可圖，甚至賠錢賣出，導致體質差的公司開始撐不住，倒閉、清算的公司增加，資金退出產業，供給下滑，等到退場的廠商愈來愈多，供給減少到一定的程度後，價格又會回到平穩狀態，而重新回到數字 1，再度進入新一輪的循環，這就是供給與需求變化所產生的景氣循環簡略模型。

判斷公司現階段的景氣動向

所以，如果想要推估產業目前所在的景氣位置，那麼直接觀察該產業的商品報價就有一定的參考性，也可以思考公司的營收與獲利的變化。就營收部分來看，只要經過逐一檢視，大致上能夠理解，製造業的營收就是商品賣出的數量乘上商品的價格。所以在景氣循環初期時，商品價格開始上漲，公司的營收就會增加，而價格上漲大致上就算扣掉成本增加的部分，其實都有機會能獲利更多。因此

會拉動毛利率上揚，只要該產業的循環進入火熱的成長期時，價格與賣出數量都會同步成長，公司獲利達到顛峰，而有時在股票市場就有機會產生「戴維斯雙擊」，市場瘋狂的情緒就會推升股價。但是，身為一個價值投資人，此時要非常小心，因為你知道這是景氣循環的環節之一，未來只要供給與需求再度改變，商品價格就會下跌，最後就是所有人都湧向出口，造成巨大災難，類似的案例實在太多，幾年就會在金融市場看到，不斷重新上演的歷史情節。

在面對這樣的狀況時，你要精進的不是分析能力，而是自己的情緒控制，就如同在 1-2 章節提到的航運股就是最好的案例。倘若你無法早一步在市場前找到這個產業，那麼當股價狂飆時，就算想要介入也不應該下重注壓身家，並且時時提醒自己，此時的行情已非基於企業營運的基本面所產生，進場代表伴隨著很高的風險，一定要為自己設定好離場的條件並嚴格執行。

而對我個人來說，熱門產業不是我的首選。當然我們不能否認，搭上行情賺快錢的確是一件讓人感到愉快的過程，但是大家也都知道，不是每次都這麼順利，多操作幾次就會發現金錢來來去去，並無法從中得到紮實的獲利，與其參與這種上上下下的遊戲，我認為

應該要以另一種心態面對景氣循環產業。

想方設法搞懂產業景氣，提高投資勝率

簡單來說，就如同巴菲特的好夥伴查理蒙格，他曾引用德國數學家卡爾・雅可比的一句話：「倒過來想，總是倒過來想。」，面對景氣循環時更要如此，所以我喜歡去發現目前大家不看好的產業，股價低迷、最好還有相關公司倒閉，市場上玩家變少，存活下來的人就有新的機會。因此，我會特別注意公司的負債狀況，因為這關係到投資的安全性，當產業循環在谷底區時，會面臨商品價格不好、銷售狀況也差的階段，大部分的公司都會賠錢，所以公司能否度過危機就是重點，負債過高的公司相對危險性就比較高，未來採取增資或是發行可轉換公司債的可能性也高，這兩個動作都會稀釋股本，使每股盈餘（EPS）下降。

以中鋼（2022）為例進一步說明，中鋼在景氣低谷時，EPS 可能只有 0.1 元，景氣熱絡時則可能出現最高 5 元。如果股價是 10 元，EPS 為 0.1，那麼本益比就是 100 倍；EPS 5 元時若股價是 50 元，本益比僅 10 倍。請問上述哪一種階段最有投資價值？答案非常清

楚，當然是股價 10 元時是投資時機，而 50 元則是應該離場的時機。這種選高本益比進場與低本益比離場的策略，不同於一般的思考方式，但這樣的反向思考，絕對是操作景氣循環股最重要的一個關鍵。

另外，如果能夠花時間弄懂整個產業上下游的供給關係，可以提高不少投資勝率。例如最上游廠商，獲利的關鍵是原物料的價格變化；而中游廠商，大多數有能力轉嫁成本給客戶，有時甚至還能從中賺到一筆；而通常最慘的會是最下游的組裝廠，供應商一直提高價格，但是因為直接面對消費者，也不敢一下子拉高價格，這一點也是需要投資人特別留意的。

深入了解一個產業，理解他們面對景氣循環的特色，知道場內有幾個「玩家」，帶動供給與需求變化的變因，如果你能夠掌握到相關資訊，就可以推測未來出現轉機的時機點，對於操作這類型公司時，絕對能提高勝率。

最後要特別注意，有些產業、產品遇到的困境無法改變，特別是因為新技術、新產品而出現的替代效應，像是光碟片、電子字典等過時的產品，這些都曾經是人人有需求的商品，但當替換的新產品出現之後，他們只能淪為時代的眼淚，再也等不到需求再起的時刻了。

6-2

群眾心理的逆勢思考
不要找同溫層取暖

　　上一章節我們聊到德國數學家卡爾・雅可比曾說過：「倒過來想，總是倒過來想。」其實不只是在思考景氣循環產業時要想起這一句話，在建構自己的投資思維時也要時時牢記這句名言。原因非常簡單，因為投資除了用現有資訊去擬定未來的策略之外，另一個也同樣重要的關鍵思考點就是所謂的「安全邊際」。

　　「安全邊際」原本是土木用語，如果我們要蓋一棟房子，就需要計算每一層樓地板的承重能力，所以如果是小型的透天別墅，每一層兩個房間，適合小家庭居住，也許就可以用 200 kg/m² 當計算值。但是，如果有一天住在這個小型透天別墅的小家庭，為了

慶助新生兒誕生而邀請親朋好友一起來慶祝，小小的房子擠進 40 個人，並且在開場敬酒時，全部的人都擠在 2 樓，那麼就有可能造成重量突破臨界值而產生崩塌。所以在設計房屋時，建築師通常會預留 30% ～ 50% 的安全邊際，設計成 250 kg/m² ～ 300 kg/m² 的承重力，相對的就要付出建築成本提高的代價。

這個觀念同時也可以運用在投資，在評估對某一家公司的投資策略時，就看設定的安全邊際範圍。例如，你認為一家 10 倍本益比、市值 100 元的公司，這是一個算普通的價格，有機會買得到這檔股票；當然，你也可以找 8 倍本益比，市值 80 元的公司，但這樣的價格就相對不容易出現，甚至以 4 倍本益比，市值 40 元來尋找股票，那就一定要等到金融風暴，或是該公司遇到相當程度的困境時才會出現了。而且在當下那間公司的本益比也不會是 5 倍，因為 EPS 10 元通常指的是在一般情況之下，但當金融風暴或是極度困境時，EPS 可能只剩下 5 元，市場仍然維持著類似的本益比評價。不過，此時聰明的投資人就要「倒過來想」了。

沒人談論的產業才更要關注

就我個人而言，我很喜歡逆向市場進行思考，人多的地方或許熱鬧，但伴隨而來的則是風險，相反的，人少的地方就有機會讓市場情緒沉靜下來，特別是那些長期以來有不錯經營成績、占有市場特殊地位的公司。當他們遇到不好的事，或是整體大環境不佳而造成的衰退，此時若是出現成交量低迷、沒什麼人想要討論或是關注這個產業，對於價值投資者來說，那可能就是一個寶庫，當然逆勢要面對的就是漫漫長路的恢復期，在這段時間之內，若是對自己投資分析能力沒有信心的投資人，就容易陷入焦慮的情緒中。

但是，投資人要知道行情永遠不是我們所能控制，所以當人們產生不安的情緒時，自然而然的就會去找尋其他能帶來確定性的安穩感。簡單來說就是找到同溫層，例如你可能會跟朋友講述某個投資想法，愈講愈激動、愈說愈有自信，或是上網找與你有相同想法的人取暖。例如各大投資網站的討論區，2020 年口罩股大漲後下跌時，常常會看到網站上不理性的喊話內容，這些行為能

帶給你情緒上的安定感，減少對不確定性的恐懼。

但是非常可惜的是，這些行為都不能帶來正面的投資助益，那只會像在排一個不知道終點的隊伍，在人群裡不論職業、智慧高低，都會變成擁有集體心智的群眾，根據群體而被誘導做出明顯違反自身利益的行為。其中我認為最不可理解的部分就是，儘管面對如山的鐵證，但列隊的成員仍會固執地堅守錯誤假設，明明看到虧損一直擴大，還是不願意去面對真相，終而引來巨大的虧損。因此，跳出群眾的心理死亡螺旋，並努力逆向思考，了解投資的本質與自己進出場的條件，才是脫離韭菜行列的重要方向！

對於像我們這種站在基本面找尋機會的投資人來說，逆市場情緒是必備技能，除了能有較高的安全邊際外，在未來當景氣翻轉，公司營運出現轉機後，市場修正評價開始上漲，你當時買在谷低區的部位，就能在心理產生穩定的效應，手中有了獲利，自然能增加信心，占到一個有利的位置之後，如果產業或是公司能夠持續出現當初你設想的變化，那麼這一份信心就能幫助你抱出一個長線的成長波段，對於投資績效會有很大的幫助。

6-3

站在法人的對立面
小散戶也能出頭天

　　有人曾經問到：「為什麼想要自己選股做投資，買法人推出的基金不好嗎？」法人不但資金多、有紮實的研究團隊，甚至可以直接拜訪公司，小散戶到底有什麼地方可以贏過法人，為什麼覺得自己操作能夠勝過專業人士？

　　這個問題非常好！這的確是每一個想要自己操作的散戶，都必須要認真思考的事情，我們的優勢可以在哪裡發揮？法人的確擁有資源，具備專業能力，但是散戶也不必妄自菲薄，馬上就下結論認為一定做不到、做不好，以下整理 3 大重要方向，提供散戶進一步努力，一定可以找到優於法人的強項：

方向 1：壓力不同，耐心勝出

相對於法人需要每天、每週、每季結算成績，呈報老闆或是客戶，散戶就沒有這方向的壓力。我們只要對自己的帳戶負責就好，就算一、兩季績效輸給大盤也沒關係，只要是自己思考研究的方向正確，經過長時間的發酵，績效一定會顯現。因為我們可以有耐心等待好公司，而不需要如同法人去承受投資標的無法在短期內就獲利的壓力。

方向 2：彈性靈活度，隨時進出不受限

法人在操盤時會受到標的、法規或是基金基本設定等各種要求，被迫做出決定。舉例來說，如果景氣轉壞，散戶可以馬上清空部位，但法人卻不行，因為他們受到持股比重的規定，而不能隨意賣出。另外，如果今天找到不錯的新公司，經過評估後認為比目前的持股更有機會，你可以自由全數買進，但法人也不行，儘管再看好一家公司，也有持股比例的限制。

這些操作限制的來源其實是受整體部位大小的影響，畢竟法人

手上的資金額度遠遠超過散戶，所以就必須受到更嚴格的監督和限制、避免基金經理人做出過於危險的決策，股票買賣的靈活度就是散戶的優勢了，你可以隨時修正自己的看法與做法。

另外，當法人所追蹤的指數對於其成分公司比例做出調整時，法人也不得不跟著投資或是調整，以避免萬一出現狀況而落後指數很多的情況，萬一你看好的公司被移出指數名單，那麼法人往往只能忍痛棄單，或是相反，已經漲很多的公司被納入指數名單，也不得不硬著頭皮去追高，這些都是散戶能夠避免的部分。

提早布局，搶占先機

在研究股票的過程中，如果發現小股本的公司出現經營上的突破，可能會迎來新的營運轉折時，但因為股本小、流動性低，就像水很淺的小海灣，法人的大船不容易開進來，此時散戶個體戶就會比法人占有更大的優勢。

因為資金小，很容易就能買到我們設定的比例，日後要出脫時也相對容易，而法人如果要買進小股本的公司，可能要等到這些

出現營運轉機，市場真的看到實質上的成績，例如營收大幅成長，這檔公司股票才會開始活絡，此時法人才相對容易進出，但股價可能早已漲了一大段。因此，我認為這一點會是散戶的最大優勢，找到好公司就可以在低價時建立自己的部位，不必眼睜睜的看著價格上漲，而無法做出任何動作。

所以仔細一想，散戶仍然對於專業法人在資產規模控制上，有更靈活的優勢，但也要時時提醒自己，優勢與劣勢是一體兩面、同時存在，我們不必太看輕自己，但也不要太過於自信，花更多時間去確認與思考手上資訊正確性，並擬定最適合自己風險的投資策略，才是能長久存活於市場的不二法門。

以嚴謹的態度面對投資

投資從來就不是一件簡單的事

試著想像一個情境，如果你每天八點進公司後，坐在辦公室座位上，不是開始工作，而是先吃早餐、喝咖啡，然後悠閒的整理資料，把成堆的文件放到隔壁同事的辦公桌上，請他幫忙處理或者教你如何處理，之後每每有新工作進來時，都是用相同的處理方式，然後每月 5 號照樣領薪水，當個薪水小偷。

如果是你，有辦法過這樣的生活嗎？或是說，會想過這樣的生活嗎？

我想在正常情況下，多數人是沒有辦法以這種方式度過職場的每一天，嚴格來說，也沒有那麼多人願意這樣過生活，畢竟工作

不就是用自己累積的專業去換取應得的報酬，不勞而獲並不是正確的生活態度，也無法持續建立穩定的現金流量，說不定隔天就被老闆掃地出門了。

現在將這個場景換到投資，又會是什麼情況呢？

很多散戶在面對投資時的心態，和上述情境相似，喜歡聽明牌、喜歡跟網路大大、喜歡有人告訴你哪一檔股票會漲，但卻沒有做好自己該做的投資功課。聽到別人推薦的股票時，是不是應該要先自己消化訊息？就如同本書一再強調要了解這家公司的營運狀況、產業前景、市占率和產業地位、未來的成長動能等各種資訊，甚至是掌握接下來會影響毛利率與獲利的因素。

透過整理的資料做出適合自己的投資決策，才能計算合理的估值範圍，請把股票研究想像成你的第二份工作，用平常的工作態度去面對這件事，才是一個正確的方式。錢不會從天上掉下來，獲利也是，當然你的薪水更不會平白無故的出現在你的帳戶，要怎麼收穫就要先怎麼栽。

當然有些人會認為平常上班就已經很累了，下班還要照顧家庭

和小孩，剩下一點自己的小確幸時間用來追劇放鬆，不想要再花時間和精力在投資上了。我認為當然可以，其實投資是一種自我選擇，你沒有時間、沒有體力去做主動投資的規畫，選擇指數化操作，做好資產配置，定期定額買入大市場的指數，長期下來一樣可以得到資產增長。但是選擇這條路，你就不能夠追求超額報酬，想要賺的比平均多，就要付出比平均更多的努力，這是不變的道理。

因此，以最嚴謹的態度來面對投資，我認為是每一個選擇主動投資的人都要具備的基本要求，包括蒐集、整理、思考、產出，並擬定策略，這是通往成功獲利的必要條件。因為投資從來就不是簡單的事，沒有萬用無敵的超級公式、套用之後按下按鈕就能獲利這種事。不同的產業、不同的時空背景，就會有不同的結果，想要走捷徑，有時往往等在前面的是斷崖，你願意花時間努力研究，才有機會達到從資本市場中賺取超額報酬的可能性。

6-5

投資能力圈的擴大
大量閱讀建構知識金字塔

　　說到精進投資能力的方法，我有一個簡單的觀察，就是想辦法擴大自己投資的「能力圈」。能力圈有點像是個人的知識護城河，就好比有些企業因為技術、法令、地緣性，而能在市場中占有一席之地，其他競爭對手不容易跨過這一道限制，而這個令人無法輕易跨越的限制，就像是城堡周圍的護城河，保護城內不受外來敵人（競爭者）的直接威脅。對應到投資人身上來看，可以觀察到認真的投資人，在市場存活的比例和時間都是最長，原因就是他們會努力的維護並試著去擴大投資的能力圈，這就是投資人的知識護城河。

　　那麼應該要怎麼做呢，我歸納幾個方向提供給大家參考：

　　首先是閱讀，這幾乎是擴大知識圈的不二法則，巴菲特的老搭檔蒙格也一直強調投資人要不停閱讀。那麼到底要閱讀什麼呢？當然在學習投資初期可以試著多看各類型的投資書籍，接觸各種觀念，包括基本面、技術面、籌碼面、心理面等，但不是要你照單全收，而是要進一步思考消化，並分辨作者所要傳遞的訊息，對你來說是否可以理解，或是否適合你。

　　等到完成基礎觀念架構之後，就可以尋找更多專業財經書籍來閱讀，像是企業經營、管理類、科普類，甚至是歷史地理人文相關，試著拓展新的閱讀領域，也從中養成自己的閱讀習慣，然後開始整理看過的資訊，便於日後可以搜尋及參考。

　　接下來就是整理自己看過的資訊，建立自己專屬的「知識金字塔」，一層一層的建構未來可能會運用到的訊息，日積月累、聚沙成塔，慢慢就會豐富你的思路。

　　而當你漸漸的擴大知識圈後，接著可以試著尋找相同價值觀的投資朋友，我自己加入過各種投資讀書會，讀書會通常都有運作規章，透過團體的力量鞭策自我學習，這是進入讀書會的好處。

　　例如每個月要與讀書會成員共同完成報告，這樣的練習會讓你定期產出思緒結晶，而且為了達到團體要求，會有一股驅動力，因為總不想讓人看笑話或是虎頭蛇尾的退出，團體的壓力會帶動對自我的要求。另外也可以透過讀書會的討論，讓朋友與其他投資同好一起幫助你檢討並面對自己的觀點，能夠幫助你去檢視所整理的資料是否有盲點，或是過於樂觀。這些都是參加讀書會所帶來的幫助。

　　想要組讀書會可以先從身邊的朋友開始，先詢問有興趣的人，組成一個三、五人的小團體試著運作，之後還可以透過網路接觸到更多同好，這些都是籌組讀書會不錯的方法。

好奇心是建立新知的不二法則

　　另外，保持好奇心也非常重要，這一點在台股特別受用，因為台股有七成都是電子股，而電子股的發展與新興科技息息相關，有很多公司是近年來才受到注目，例如發展 IP 智財權的公司、台積電先進製程所帶來的新領域發展，因此當你聽到新名詞、新產業、新需求的時候，保持你的好奇心，花時間了解，從中就能得到更多的知識。

最後則是整理資訊並專注思考，要把你平常日積月累的資訊做整理並且經過思考後，寫下你覺得重要的部份，方便日後查詢，這個動作其實也是我在第一本書裏聊過的，建立自己的『知識金字塔』，一層一層的未來可能會運用到的訊息整理下來，日積月積、聚沙成塔，慢慢就會豐富你的思路。

在實際執行時，我會建議先從單一產業切入，找一個你喜歡的產業，甚至是與工作相關的產業，因為有興趣或是每天接觸總是比較熟悉，當然就更方便上手。先從了解每一個你看不懂的名詞開始，例如公司年報會提到很多專有名詞，請先一次弄懂，這樣才能在更進一步研究時理解背後的運作原理，接下來找出這個市場中誰是老大，通常不是台灣的公司，而是美國、日本、德國的企業，但你還是必須去了解。

之後就要釐清你現在感興趣的台股公司在產業中的排名，然後掌握整個市場的市值以及未來發展的可能性，這些都會決定這家公司未來的發展與競爭力，如果你經歷一輪上述的知識整理，就會發現你對於這個產業的了解明顯比別人深入，此時你就會感受到知識護城河的成效出現！

6-6

知道你自己是誰
誠實面對自己的投資個性

　　我是生物背景出身，記得有一位老師在課堂上開玩笑提到，生物學是研究所有具備生命現象物種的一門學問，因此經濟學應該也要納入才對，經濟學其實也算是一種動物行為學，驅動動物行為的因素有很多，如果要用最簡單的一句話來形容，那大概就是「趨吉避凶」。

　　朝有食物、安全的地方前去，遠離會帶來疼痛與死亡的環境，這是生物的天性，但導入金錢概念之後，生物的行為就會發生改變，有一個著名的實驗就是，耶魯的一位認知行為及心理學家以猴子進行實驗，首先，他每天都會發給猴子幾個代幣，起初猴子因為不知道代幣是什麼而紛紛丟棄，但是數月之後，猴子們開始

發現，這個東西能向人類換取食物，於是他們就學會了使用金錢的方法，在養成猴子們使用金錢的觀念之後，科學家們就做了很多不同的實驗。

首先，科學家們安排兩位研究員，一位研究員固定物價，每次給一枚代幣，就會換到兩根香蕉，而另一位研究員則是隨機物價，給一枚代幣有可能拿到三根香蕉，但也有可能只拿到一根香蕉，如果是你，你會如何選擇？

大多數的人通常都會選擇給兩根香蕉的研究員，猴子也是如此，這說明了生物天生有著迴避風險的本能。接下來，科學家們改變了研究員給食物的態度，第一位研究員帶著三根香蕉進籠，但是在交換時會在猴子面前，拔下一根香蕉放回口袋，只給猴子兩根香蕉；而另一位研究員一樣帶著三根香蕉進籠，有時拔一根、有時拔兩根，有時甚至不拔，三根都給猴子，其實就最終的結果來說，拿到的香蕉數目和先前完全相同，一個一定拿得到兩根、另一個隨機拿 1 ～ 3 根香蕉，但此時猴子的行為卻出現重大改變，大多數的猴子都傾向跟第二位研究員交易香蕉，因為與其一定輸一根香蕉，不如就賭一把吧！

　　從這個實驗來看，其實猴子們都在用自身的行為，來告訴我們理財的道理。第一個實驗告訴我們，人們的確非常厭惡不確定性，那是一種不知道明天會如何的負面情緒，可以的話，我們不會想要選擇碰觸它，這是生物趨吉避凶的本能。兩根香蕉可以吃飽，不一定要吃到三根，而且萬一連一根都沒有，那不就要餓肚子，因此猴子們幾乎都選擇交換確定數目的選項。而第二個實驗則非常清楚的呈現，我們對於「輸」這件事的痛惡程度，會遠高於追求安逸，與其每次都要輸一根香蕉，這實在太痛苦了，那不如就賭賭看，說不定還能拿到三根香蕉，這些反應刻在 DNA 裏，驅動了動物的行為。

　　但是反過來想，如果我們完全依照本能行事，會有怎麼樣的結果？大概就是和一般人一樣，得到平均的回饋，但如果我們想要追求高於平均呢？就這兩個實驗的內容來看，我們應該要選擇去擁抱風險，因為承擔風險並獲取利益，正是天道之理。如果我們完全迴避風險，那麼就容易裹足不前，錯失讓資產成長的機會，不過也不是一昧的無腦去承擔風險，在面對風險時，我們可以利用很多方式增加勝率，而不是單純的二分法。而第二個實驗更是

告訴我們，有時要做更深入的思考，不是只單純看到眼前的數字，數字背後的涵意與透露的訊息，仔細思考的話就能突破盲點。

話說回來，因為投資本質上偏向哲學，面對哲學時，我們要思考的反而是自己本身，我是什麼樣的人？我的個性是什麼？我喜歡風險和趨於保守的比例是多少？我所要擔負的責任有什麼？我所追求的是什麼？追求的背後願意付出多少努力？自己的能力圈能含蓋這些努力所要的條件嗎？

種種問題的答案只有自己最清楚，投資到頭來就是誠實的面對自己而已，做我們該做的、會做的，放掉那些我們不會的、做不到的，正如 1-6 章節提到「Know your boat」。在開始投資之前、在真的把資金放到交易市場前，想一想這些問題，並如實寫下答案，要求自己時時刻刻注意。我曾經在網路上看過一張梗圖，就是散戶交易者常常只依照自己的情緒做投資，但這樣放任的結果，終將換來失敗的後果。

我們是誰？

散戶

我們最愛幹嘛？

愛亂買

亂買以後要幹嘛？

再亂賣

07

風險的思考

7-1

投資必然伴隨著風險

先想賠錢再進場

　　有粉絲團版友曾經私訊我，說到他的朋友介紹一個不錯的投資機會，保本金，年利率最低 5%，投資組合會透過國外的個股選擇權交易，若承擔一些風險，當標的公司有漲的話，年報酬率就有機會再提高，而過往的歷史紀錄最高是一年 12%、最低就是 5%……，因為報酬率沒有很誇張，看起來不像是詐騙，所以他問我，這樣的機會可以投資嗎？

　　嚴格來說，在你成年踏入社會之後，投資陷阱是一定會遇到的事情，不管是來自廣告、網路宣傳、主動式推銷電話、或是朋友介紹等各種方式，你大概都有機會聽到這種有夢最美，而實際上

卻是充滿危機的投資機會。

選擇合法的投資工具

就如同前面章節提到，投資永遠都要從風險思考起，而投資人第一步要思考的是投資的合法性。如果不合法那就不用說了，因為報酬再甜美，永遠都只是紙上富貴，就算你真的成功拿回 1、2 次小額報酬，也許它等待的正是你充滿信心、甚至拉了許多親朋好友一起下大單。我誠心建議，非屬合法管道的所有投資都不要碰，這等於是將你貴重的資產，置於極端不合理的風險值之上。

那麼如何分辨合法與非法？基本上，合法的投資標的不論其銷售端或是商品名稱，都能在網路上查到公開資訊，再者，如果報酬率遠高於應付的風險，例如保本、保證獲利 20% 以上等這些宣傳詞彙，這些就算打著合法管道銷售也絕對不要碰，因為搞不好整個故事都是一場騙局。

另外，年波動性也是參考指標，最著名的就是馬多夫詐騙案，又稱龐氏騙局，本質上就是利用美好的故事，讓投資者不斷投錢，

用後面新進的錢來補先行投入者的獲利，創造出看似穩定的金流，但背後終究會因金流枯竭而全盤爆開。馬多夫所成立的基金有一個特色是，長期投資下來維持住穩定的報酬率，穩定到即使遇到金融風暴也沒有受到太大的傷害，終而引起懷疑而開始遭受調查，事件才完全曝光。而受害者中有不少是大型基金或是法人機構，所以真的不是掛著金字招牌推薦的投資商品就一定沒有風險。

　　再來談合法的投資，包括定存、債券、股票、期貨……等投資工具，每一個投資工具都伴隨著不同的風險值，相信大家應該都有接收到我所提的觀念，就是必須了解每一筆投資都存在風險，所以投資之前要思考的是，這筆投資如果虧損了怎麼辦？如果投資的本金是吃飯錢、小孩學費甚至是房租、房貸，那就真的不應該將這筆錢拿去投資，再來要確認的是，每次交易的最大虧損值是否能接受，其實本金全部虧損還不是最慘的結果，而是投資開槓桿，有可能還要額外補錢，如此超出負擔的虧損程度真的是可以接受的嗎？我想稍微思考後就知道答案了，開槓桿在順風時幫助獲利的確讓人振奮，但投資時更重要的是風險的管控，這些都是要在進場前就做好的規劃。

我認為進場之前的計畫必須要先擬訂以下 6 大方向：

• 方向 1：時常確認進場的理由

你必須非常清楚這次投入交易的理由，例如看好未來產業面將出現轉機，所以明年的 EPS 肯定會成長，那麼就必須有耐心等待它開花結果，讓基本面的變化反應在股價，而不是買了兩個禮拜不漲就想要賣掉，再去追其他已漲上去的公司，非常建議要記錄每次投資的進場條件，然後不定時確認，時時刻刻提醒自己，買進的理由消失或改變了嗎？如果沒有的話，其實就不需要過度關注股價的變化。

• 方向 2：尋找目標價位及上調空間

當在計算未來的 EPS 之後，就可以評估本益比的區間變化，以推算出可能的估值，這個部分在 4-2 章節曾提到過「股價 = 獲利（EPS） X 本益比（PE）」的公式。當然本益比的評估，與市場氣氛及投資大眾的心態有關，所以可以先以歷史平均區域做為基礎的目標價，然後再評估是否有機會出現 4-2 章節所提過的「戴維斯雙擊」拉高本益比，做為可能的上調空間。

• 方向 3：觀察下擋風險價位

　　股市流傳一句話：「上漲時看本益比、下跌時看股價淨值比」，這句話雖然不能直接拿來套用在所有類型的公司，但也指出了判斷一間公司谷底區的方法。正常來說有賺錢的公司，通常在股價淨值比一倍時有很大的保護力，因為我們可以把淨值視為公司目前清算後所得到的價值，再往下跌代表可以用折價來取得這家公司。而且公司沒有虧損，淨值就不太會再往下跌，所以支撐的力道就會出現，另外也可以參考股價淨值比河流圖，觀察市場給予的價格與淨值的變化。

　　另一個指標則是看成交量，通常在谷底區的成交量會來到這家公司的歷史新低量，主因是在此一價格區，有許多股東不願意賣出持股，因為已經低於他們所認定的內在價值，再加上公司經營遇到逆境，外部股東也不願意追價買進，就造成兩軍在楚河漢界邊停止不動，而出現非常低的成交量，而這種狀況如果持續 2 ～ 3 年，就可以把不夠忠誠、沒耐心的散戶全部洗出去，未來只要產業及公司發生反轉，股價就會反轉的非常快，因此有這種現象的公司都值得多留意。

● 方向 4：後續追蹤當初進場的理由

買進股票的後續追蹤要點，就是你當初的進場原因，進場理由愈充分，所要追蹤的方向就愈多，就能更快確認自己操作方向的正確度。例如季營收、財報提出來的毛利率是否符合預期？產品組成是否改變？在這些方向確認後，就能再往下一步的操作策略進行修正。

● 方向 5：加減碼的時機需要深入思考

這部份可以回頭看 5-1 章節提到的「瑞耘（6532）」案例。當時我就是規劃出瑞耘未來可能的發展流程圖，每一個確認的關鍵點位都是加減碼的時機，例如營收、獲利往預設的方向前進，你就能夠去思考與調整布局，相反的方向不如預期的話，則要試著找出原因，並評估這個原因是否能接受，到底是短期影響呢？還是對中長期的發展會產生一定的波動？

這並不是找理由不執行停損，而是你要試著了解當發展不如想像時，自己當初沒看到的是什麼，而現在的狀況又是如何，也許只是時間軸的推遲，從今年下半年變成明年上半年，像這樣的情

況就不一定要出場，而是可以再等上一段時間。還是要再度強調在過程之中，最重要的就是「事先」畫好流程圖，告訴自己接下來要怎麼做，而不是在交易時間內，任由情緒帶著你動作，東想西想、驚慌失措，進而做出追高殺低的舉動，這絕對是投資的大忌。

● 方向 6：適合的投資週期與退場的時機

前面提到在做投資計畫時，就要思考適合自己的投資週期。掌握可能產生變化的時間點，這都會影響你的投資週期，當然短期的投資計畫非常難以擬定，因為變數太多，反而有一點賭的成分存在，我不建議用短週期來做投資，而中長期則相對簡單。

例如，以 2023 年 Q3 來看，近年來中國手機需求下降，市場對於相關的零組件供應公司出現非常大的修正，不少公司甚至出現了四成到六成的腰斬行情，會有如此慘烈的下殺主因除了預期需求下降外，還包含更多的情緒因素，面對這些產業，我們要思考的方向是，他們會永遠一蹶不振嗎？我相信答案是否定的，那麼又要怎麼思考是否有投資的機會？相關的產業說明可以回頭看 4-3 章節提到的昇佳電子（6732）案例。

其實像一般散戶，在資訊取得及對產業面把握的速度遠不及法人，但難道就註定要慘輸法人嗎？這也不一定，散戶可以在操作週期和策略上得到優勢，因為我們不用每一季被檢查績效，不必跟隔壁的老王比拚，就能避開比較的壓力，這其實是散戶的大絕招。

就以台積電（2330）為例，這是一家法人必定鑽研的焦點公司，但從 2016 年開始，台積電就向外揭露先進製程的開發進度，也就是說即便是散戶，在 2017 年也能理解台積電未來的優勢，2017 年台積電最高股價約 230 元，如果你能理解產業的發展，以中長期的觀點來檢視，就算買在 2017 年的最高點，到現在都有超過兩倍的獲利。

而在這個時間軸中，法人的操作其實也是來來回回，一下看好、一下看壞；一下提出買進報告、一下又給中立評等，也許在他們的週期裏，這些都是正確的看法，但是在我們擅長的週期裏，是存在著對散戶有利的時間與空間，你看好公司的發展，就該試著去擁抱它久一點，而不要太過在意短線的波動。

當然，怎麼決定自己的投資週期沒有一定的答案，只有適不適合的問題而已。通常待在市場生存較久、長期能夠穩定獲利的人，

都非常清楚自己最拿手的投資週期。所以我也非常清楚自己適合中長期的投資週期，從不同的角度來看，就會看到不同的投資機會，也不需要猜測底部位置，因為投資並不是每次都要買在最低點，那需要運氣，相對的使用分批進場的策略，能讓投資人在「底部區間」建倉，再拉長投資週期，就能增加不少投資的勝率。

退場機制沒有絕對

再來談到退場策略，其實我認為退場的思考要比進場難度更多，記得曾經看過一位知名的前輩操盤人說過：「賣股票只要是賺錢，那就是對的」，一開始我也很認同這句話，後來慢慢的會再深入思考，在賣掉股票之後，如果又上漲一倍，這樣的操作是對的嗎？或是，如果股票賣掉後跌回原來的進場價，然後再漲一倍，那也是正確的嗎？所以操作時間久了，又會再繞回前輩說的這句話，「當出場時有獲利」這就是正確的交易，人生有時很多東西無法強求，有一種又回到「見山是山、見水是水」的心情。

如何擬定自己的出場策略呢？我想每個人的風險承受度、資金狀況、操作理念都不相同，所以這個問題註定沒有正確答案，但

我們還是可以提供經驗與大家分享，以我個人而言，股票賣出有 3 個時機，符合其中一個時機點就是出場的時刻。

● 時機 1：設定點的滿足

當進場理由消失時，不論當時股票是賺是賠，的確就該考慮退場了。不過，我認為可以加上特別條款，就是有賺錢時，可以再修改條件。舉例來說，如果預估一家公司未來可能賺 5 元，本益比 20 倍，目標價就是 100 元，當這個條件真的達到，此時可以再進一步思考 EPS 是否還有上調空間？市場氣氛是否還有追加本益比的可能性？如果有的話，其實可以修改出場條件，也許 EPS 可能比預期高，或是市場願意給予的本益比還有機會提升。

當然如果沒有把握的話，可以減碼出場一部分，留另一部分在市場中，觀察後續的變化，但我要特別強調，若是賠錢的狀態，那就不應該修改出場條件了，你必須勇敢承認當初的進場理由是錯誤的，真的不要再找其他理由安慰自己繼續留在場中，通常巨大的虧損都是來自於修改出場條件。

● 時機 2：出現更好的投資機會

假設原先因為股市近期上漲而沒有找到投資機會，而將資金放在比較穩定的 A 公司上，預期報酬率可能是 5% ～ 10%，而後遇到市場修正，此時你找到一個新的投資機會，是預期報酬率 30% 左右的 B 公司，那麼即使現在 A 公司的部位處於虧損狀態，你還是可以進行標的轉換，賣出 A 公司、買進 B 公司。

雖然 A 公司買進的理由並沒有完全消失，但有更好、更有把握的投資機會出現時，更應該大膽的執行你的計畫。但要提醒的是新的投資機會必須是在充分研究之後，所得出的結論，而不是在盤中看到大漲大跌，一時衝動而做的投資決策。不然一直更換標的就會遇到換完後，看到前一個標的大漲的情況，這都代表著你的決策系統不夠成熟，應該要深入思考在選股的準備功課是否不足夠，否則就會永遠卡在浪費手續費的循環中，並且磨掉你寶貴的資金。

● 時機 3：想要降低整體持股水位

這個決策面向比較廣，例如因為總經條件或是產業變化，而決定更改自己的持股比例，當你做出減碼決定時，必定伴隨著要讓部分持股出場，相同的，使用這個策略也必須有足夠的決策系統，

不然總是會遇到在谷底減碼，錯失後續的反彈。

其實，良好的出場決策仍然需要增加自己投資的深度，這是存活於市場的不變法則，你必須比別人認真，也要比別人有更多遠見，特別是在逆風的時候，「人棄我取」絕對需要勇氣。最後也特別提醒大家，出場策略有時不必過於執著，我曾遇過股市新手拿著 K 線圖問我，要如何才能賣在最高點？我只能老實回答他，「一切都是命」。每一次的投資能賣在相對高點就已經是不容易的事了，真心建議投資要以區間來看、分批進行，能在相對低點區間建倉，然後在相對高點區間清倉，長期下來就會是市場勝利者了，如果有人告訴你，他永遠能買在最低、賣在最高，別懷疑，那一定是騙子！

持股比例要考慮風險分散

綜合上述資訊，投入的資產比例應該如何規畫？如果你已經學會深入研究一家公司的表現，就可以依照對於這家公司的研究結果，思考可以投入的資金。我會建議單一公司的資金投入比例，以 20% 為上限，也就是將資金至少分散 5 家公司進行投資，這樣可以分散風險，萬一真的看錯，受到的傷害也比較小。

　　若是你真的非常深入的研究，找到一個相當不錯的催化劑，配上正向的產業發展，那就可以考慮將投入的資金比例拉高到25%。相對的其他公司的投資部位就要降低，也就是仍然維持至少5家公司的投資數量，當然你想要提高某一家公司的比例，背後一定要有相當程度的把握，你必須確認自己是不是真的觀察到別人沒看到新的切入點，而非單純的來自莫名的信心而已。

　　在決定投資策略時，若還沒有太大把握，那麼可以考慮先佈局預計投入比重的10%，這部份可以參考前述第5-1章節的說明。

　　另外，如果你非常有把握這家公司的股價目前就位於低點區，那麼就可以考慮分兩次進場，先買一半，然後伺機而後動再找時間買進另一半，或是比較沒有把握的人，也可以將資金分成四到五份逐一買進。當然，如果你非常有把握，想要一次買到設定的目標也不是不行，但相對的就失去後續加碼與調整的空間，這世上不存在完美的策略，優點一定伴隨著缺點，必須依當下的投資情況做出取捨。

　　特別要提醒的是，一定要依照自己的事前計畫去執行，絕對不

要在盤中做決策，例如看到急漲急跌就改變當初的想法，甚至是原先以基本面分析做為進場條件，被股票被套牢之後，就改成因某技術指標轉變而想要出場，如果不能管控自己的行為，長期下來對你的投資績效一定會造成非常大的傷害。

其實，投資在進出場策略的思考有很多不同的面向，我也認識非常深入研究公司、每年都去參加股東會，然後三不五時跟公司投資人關係聯絡人（IR）聊天的投資者，他們可以完全不在意市場每天給予的定價，只追蹤產業及企業經營的方向，並且非常有耐心的等待突破點。當然能夠做到此境界，背後就是非常紮實的深入研究，一般散戶在剛接觸投資時肯定做不到，但能時刻要求自己朝這個方向努力。就像孫子兵法中寫道「勝兵先勝而後求戰」，一場戰役在開始之前，根據雙方準備的周全與否，就已經決定將近七成左右的勝負關鍵，投資大致來說也是如此。

投資風險處處有

學會分辨才能處之泰然

投資一定伴隨著風險,這個道理大家都懂,關於風險在許多投資學的教科書都有詳細說明,大致上又分成兩種,那就是「系統性風險」與「非系統性風險」。系統性風險主要來自大環境無可避免的重大變因,包括政治、軍事、外交或是國家政策等,影響區域有大有小,而且大部分難以在事前被掌握。近期的案例當然就是 2020 年影響全球的新冠疫情了,橫空出世,擴散速度非常快,進而影響全球的經濟變化,扭曲不少的產業結構。

另外一種非系統性風險,簡單來說比較像是個別公司所產生的風險,例如經營策略錯誤、原料與終端產品價格波動等,投資學

的課本告訴我們，系統性風險比較難避免，而非系統性風險則可透過投資組合淡化，也就是分散不同的公司及不同的產業，避免所有的部位一次遇上相同的麻煩事。而經濟學家為了讓風險變成可視化，而發展出許多不同的量化指標，常聽到的指標包括：

- 以價格標準差為計算基礎的波動性（Volatility），波動性大的股票代表價格區間的震盪幅度較大，理論上風險較高。
- 與市場相比的 Beta 值，大於 1 則代表波動高於市場，小於 1 則代表相對市場穩定。
- 夏普值（Sharpe Ratio），其計算方式為「（報酬率 – 無風險利率）／標準差」，所代表的涵意是承擔風險所能得到的相對報酬，數值愈高則表示波動性越愈大。
- 最大回落（Maximum Drawdown），過往歷史中出現的最大跌幅。

其實還有很多指標可以討論，量化指標比較適合運用在大資產的管理上，或是非常分散的投資策略，但對於散戶只投資 5 ～ 10 家公司來說，應用的範圍非常有限，而且會和我們的理念背道而馳，因為這些量化指標計算的基礎都是股價的變化，如果只單純

看股價，那會得到很多錯誤的結論。怎麼說呢？

如果有一家公司近 5 年來的股價，都在 100 元～ 200 元區間走動，多頭氣氛熱烈時上看 300 元，EPS 表現也算亮眼，代表這家公司在營運非常穩定，可能沒有很大的成長性，但就是守著自己的領域獨霸一方，那麼如果用上述的量化指標來計算這家公司，應該會得到一個非常低風險的結論。

而這家公司就是我們在 4-4 節中提過的陞泰（8072），曾經是台股安控族群的代表公司之一，主力業務是傳統的 CCD 監視設備。從 2003 年到 2008 年美國發生金融風暴的之前，股價都在 100 ～ 200 元之間，2007 年多頭最熱時一度衝出 300 元的亮麗股價。但是在 2008 年金融風暴後，監視設備開始走向網路端，但陞泰仍維持在傳統的 CCD 監視設備，維持拉線到機房，設置錄音裝置等模式，在此時 EPS 就開始下滑，獲利大幅降低。2010 年後，股價就在 80 ～ 100 元區間擺盪了 4 年，但此時整個安控產業已經發生破壞性的變化，中國政府補助的海康威視來勢洶洶，夾著新技術及低價打入市場，讓陞泰的產業地位出現很大的挑戰。2014 年陞泰認為已經沒有其他新的投資機會，一次配發 20 元的現金股利，當

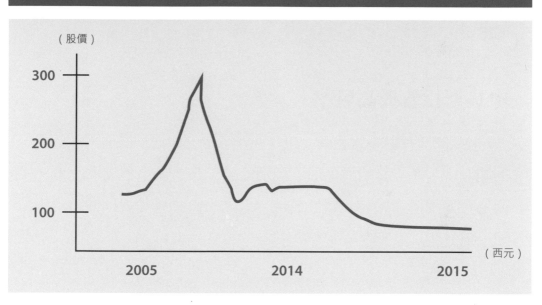

陞泰（8072）股價走勢圖

製圖：陳啟祥

時市場為此作法給予正面評價，認為公司有誠意回饋股東，股價一度來到 99 元，而這個價位卻是陞泰最後的高點。除息之後陞泰的經營困境開始浮上檯面，營收、EPS 快速下滑，股價也一路往下，甚至在 2016 年跌破 10 元。

所以，如果你用量化指標進行風險評估，2008、2014 年，你

都會認為它過往表現平穩，是一間低風險的公司，但如果你沒有持續追蹤產業發展，沒有發覺陞泰的經營困境，那其實才是最大的風險。

中長期投資提高勝率

我並不是反對量化指標，只是要能了解這些指標需要用在較大的範圍上，直接套用在個股、個別產業，一定產生很大的誤解。因為企業的營運始終是動態表現，過去的數據只代表以前表現平穩，但並非對未來的保證。

其實我認為風險應該來自於不確定性，這個部分在 4-1 章節曾經提到，而降低風險則需要更深入研究與思考，公司營運所要面對的挑戰，以及追蹤所有可能發生變異的原因。

當然我們也知道要取得所有的資訊，並對其做出反應是不可能的事，只要我們的資金放在投資市場就必須面對風險的考驗，這是投資人永遠無可避免的課題，但我們能試著去做到降低風險的可能性。舉例來說，以中長期的投資眼光思考策略，我喜歡一年

以上的操作週期，從這個角度去思考策略，你會發現比較簡單，以我個人來說，每次設定的短週期投資計畫，常常遇到很大的困難，因為要去猜測市場情緒以及資金流向，但只要將投資週期拉長，在 1 ～ 3 年的週期中，就會發現勝率明顯提高很多。

因為當你願意去研究及整理資料，其實可以提前做好準備，例如一家公司在 1 年之後要完成擴廠、兩年後貢獻營收，在當下都是公開的資料，但市場真的很難這麼快去反應 1 到 2 年後的事，都要等真的完成擴廠、營收真的拉動成長，股價才會有所動作，這個時間差都是認真投資人的紅利。

追蹤每月、每季營收，確認是否與公司先前的說法相同，或是與自己預期的路徑相符。年報都有經營者寫對股東的一段話，可以回頭檢視過去幾年的內容，然後對比現在是否公司有做到當時的觀點。最後也可以從營收變化推敲未來可能的發展趨勢。例如公司近期對未來展望保守，而營收又即將進入去年同期的高基期區，大概就會知道接下來的數月，營收應該都會呈現年增率衰退的情況，即將要進入逆風期，那麼我們就知道未來風險將走向何處，就能思考後續的操作策略。

7-3

適度的承擔風險
願意多付出才有機會勝出

　　前面章節提到風險的迴避，大家一定都不喜歡風險，因為風險代表負面、會危及我們辛苦建立的資產，但是又必須思考在投資領域中，我們能夠做到完全無風險嗎？不能說沒有，其實無風險就是所謂的套利，對散戶能接觸到的投資機會來說，最常見的情況大概就是期貨選擇權出現價差時可以對鎖，也會出現在原股東取得增資股或是抽中增資股時，能利用放空進行鎖價差，但有套利的交易機會通常存在的時間並不長。因為市場會很快就會發現這個小缺失，進而吃掉這些機會，真的能留給散戶操作的空間並不大，也就是說，我們並不容易在市場找到完全無風險的投資機會。

　　既然無法做到無風險，那麼散戶只做小風險的投資又如何呢？我們可以試著想想看，市場只存在微小風險的投資機會是什麼？最容易想到的應該是定存，拿一百萬元到銀行定存，以 2% 的年利率計算，一年後拿回到 102 萬元，風險應該只存在於國家級的金融風暴，導致銀行倒閉才可能發生。但是你一定會想一年才 2% 的利息，實在是太少了，我想要賺更多，那有沒有機會呢？

　　當然有！但這就不能像 2% 的報酬率提供幾乎無風險的保證，所以如果想要提高收益，那就必需去承擔風險、擁抱風險，因為投資總是存在不確定性，而當有另外的投資人因為不想去承擔未知的變化，他們願意用較低的價格去換取現在確定能到手的金錢，所以在交易市場才會出現折價，而折價的多寡才會帶來超額的利潤。

　　因此以股票投資來說，不論是用公司的經營角度來看，或是交易價格的角度來看，都存在著相當程度的風險，你可能成功也可能失敗，天下沒有白吃的午餐，承擔風險才能有機會去交換獲利。

　　而且「理論上」來說，你承擔的風險比重愈高，得到的報酬也「有機會」提高，但這並不是線性的交換，並不存在著只要承擔

高風險就一定能獲取高報酬的道理。例如期貨、選擇權因為槓桿開的比較高而拉高風險值，但這不是你花時間去學習、練功，每天停損就有希望能夠等到有朝一日衝出窠臼，終於開始獲利，還是有非常多的人一直深陷在停損與補錢的階段，無法自拔。

所以在這本書中才會一直強調，你可以透過對總經、產業或是公司的研究，找到最適當的股價，降低投資風險並保有較高獲利的可能性，這也是我們學習基本面投資法的目的。但是仍要在承擔風險與控制風險中間找到平衡點，在正常情況之下，風險和報酬會達到雙方都能接受的平衡點。

舉例來說，如果有一家公司，他的客戶因為某些原因而減少下單量，造成營收、獲利都衰退，股價從高點下來出現五成的跌幅，這時候你就會知道，市場因為無法評估這家公司未來是否有能力讓客戶增加下單量，而產生不確定性，所以反映在股價表現。

因為人性就是有迴避風險的本能性情緒反應，這無法用科學角度計算，所以想要增加勝率與提高報酬，就一定要深入研究，把一個投資機會進行詳細拆解，推測未來可能發展的方向，要走的

比市場所認知的風險更前面，進一步思考更長遠的未來，像是這家公司有沒有機會再回到過去正常營運的狀態？並且去利用市場情緒在有適當機會時，勇於去承擔風險，這將會是你超額報酬的來源。

富能量 083

逆勢的關鍵

作　　者：陳啟祥
責任編輯：黃佳燕
文字協力：洪晟芝
封面設計：FE 設計
內文設計：王氏研創藝術有限公司

總 編 輯：林麗文
副 總 編：黃佳燕
主　　編：高佩琳、賴秉薇、蕭歆儀
行銷總監：祝子慧
行銷企畫：林彥伶、朱妍靜

出　　版：幸福文化出版／遠足文化事業股份有限公司
發　　行：遠足文化事業股份有限公司 (讀書共和國出版集團)
地　　址：231 新北市新店區民權路 108 之 2 號 9 樓
郵撥帳號：19504465 遠足文化事業股份有限公司
電　　話：(02) 2218-1417
信　　箱：service@bookrep.com.tw

法律顧問：華洋法律事務所 蘇文生律師
印　　製：博創印藝文化事業有限公司
初版一刷：2023 年 12 月
定　　價：400 元

國家圖書館出版品預行編目 (CIP) 資料

逆勢的關鍵 / 陳啟祥著 . -- 初版 . -- 新北市：幸福文化出版社出版：遠足文化事
業股份有限公司發行 , 2023.12
ISBN 978-626-7311-87-5(平裝)
1.CST: 理財 2.CST: 股票投資 3.CST: 投資分析 4.CST: 投資技術
563.53　　　　　　　　　　　　　　　　　　　　112018763